À PROPOS DE L'AUTRICE

Sylvie Brunel, géographe, écrivain, ancienne présidente d'Action contre la Faim, est professeure à Sorbonne Université. Elle a acquis une longue expérience des crises alimentaires et nous livre dans cet ouvrage engagé ses convictions pour l'avenir, dans un monde où la nourriture est de plus en plus stratégique.

Pourquoi les paysans vont sauver le monde

SYLVIE BRUNEL

Pourquoi les paysans vont sauver le monde

La troisième révolution agricole

Harper Collins
POCHE

HARPERCOLLINS FRANCE

83-85, boulevard Vincent-Auriol, 75646 PARIS CEDEX 13
Tél. : 01 42 16 63 63

www.harpercollins.fr

ISBN 979-1-0339-0805-0

Sommaire

1

Ceux qui nous nourrissent tiennent notre avenir entre leurs mains

Réalisons-nous tout ce que nous devons à nos paysans ? Nous les maltraitons, nous les ignorons, nous les méprisons. Pourtant, ils nous nourrissent. Et pas seulement : ils façonnent la nature. Sommes-nous encore capables de voir le merveilleux tissage des paysages qu'ils mettent en œuvre, jour après jour ? Des champs soignés, une mosaïque de cultures, des bocages, des vergers, des vaches dans des prairies vertes et fleuries. Au printemps, une explosion de fleurs. En été, de beaux fruits, des grains dorés, les ceps gorgés de grappes. À l'automne, des épis de maïs rebondis.

Le paysan est celui par qui tout commence. Se nourrir d'abord. Bien sûr. Un geste devenu tellement évident et facile aujourd'hui que nous avons oublié combien de siècles il a fallu pour désapprendre l'impérieuse nécessité de trouver de quoi manger. La faim reste une douleur quotidienne pour 800 millions d'êtres humains. Autour de l'accès à la nourriture et à l'eau se jouent tous les enjeux du monde.

Paysan. Le plus beau métier qui soit… quand on parvient à en vivre dignement. Être paysan est une fierté. Fierté d'être libre sur sa terre et de nourrir sa famille et son pays. De posséder un savoir-faire, de vivre au contact de la nature, de choisir chaque matin l'emploi du temps de la journée.

Nourrir ses concitoyens, c'est un métier si important que, de tout temps, les gouvernements ont craint leurs paysans, redoutant leurs révoltes, leurs « jacqueries ». Ils les ont tour à tour flattés et réprimés. Pour un État, rien de plus essentiel que d'assurer la sécurité alimentaire de son peuple. Une nourriture abondante et accessible, c'est la garantie de la paix sociale et de l'indépendance stratégique.

En 2050, le monde sera composé majoritairement d'urbains : plus de deux personnes sur trois vivront en ville. Les paysans, qui représentent encore aujourd'hui la moitié de la population mondiale, deviendront minoritaires. Mais ils seront toujours aussi indispensables. Il faudra nourrir 10 milliards de personnes, de nouvelles classes moyennes qui voudront faire trois repas par jour, avec des produits de qualité, diversifiés, bons et beaux. Les consommateurs seront de plus en plus nombreux et de plus en plus exigeants.

Notre alimentation devra être abondante et bon marché, mais aussi garantir notre santé, la qualité de notre environnement, le respect du bien-être animal, la biodiversité. Protéger en même temps l'humanité, le climat et la planète. Et être non seulement bonne, variée, accessible financièrement, mais aussi culturellement appropriée : nous ne voulons pas nous nourrir de n'importe quoi. Une civilisation s'exprime et se définit à travers son alimentation. Dis-moi ce que tu manges, je te dirai qui tu es. Même dans les situations de famine, on constate que les interdits culturels sont plus forts que le besoin de se nourrir, et l'aide alimentaire doit tenir compte non seulement des préventions religieuses, mais aussi du sentiment d'humiliation qui fait par exemple qu'un Africain austral ou oriental aura toujours beaucoup de réticence à se nourrir du maïs jaune envoyé par les généreux donateurs (généralement les années de surproduction), parce qu'il le considère comme la nourriture des animaux, par opposition au maïs blanc.

Marcher pour le climat, c'est d'abord marcher pour l'agriculture

Nous sommes devenus de plus en plus sensibles aux conditions de production de notre nourriture. GIEC, FAO, Banque mondiale, ONG, les cris d'alarme se multiplient. Et c'est vrai, l'humanité a le terrible pouvoir d'épuiser la terre, de dégrader les rivières, d'accélérer le changement climatique en détruisant les couvertures végétales qui entretiennent l'humidité, de décaper des sols en les livrant au ruissellement et à l'érosion.

Mais une bonne paysannerie sait au contraire sculpter et embellir notre planète, permettre à chaque territoire de donner le meilleur de lui-même en façonnant des paysages vivants, des milieux accueillants. Pour les Nations unies, mieux utiliser les terres s'impose : l'agriculture et l'élevage occupent le tiers des terres émergées et mobiliseraient les trois quarts des ressources en eau (si le verbe est au conditionnel, c'est que la source de ce chiffre régulièrement cité reste obscure). Or l'agriculture, l'élevage, mais surtout la déforestation contribueraient au tiers des émissions de ces gaz à effet de serre considérés comme les principaux responsables du changement climatique. Ce qui signifie que l'usage des sols, leur protection par une couverture végétale bien choisie et bien gérée sont essentiels.

Dans leurs rapports, nourris des expertises de milliers de scientifiques, FAO et GIEC appellent ainsi à mieux préserver les terres agricoles : chaque année, le monde perd 13 millions d'hectares de bonnes terres. Il faut aussi lutter contre le gaspillage alimentaire, afin de ne pas produire à grands frais des denrées qui terminent à la poubelle. Reboiser, diversifier les assolements, associer l'agriculture aux forêts, retrouver les associations de plantes qui permettent de protéger les sols en préservant la diversité du vivant sont devenus des priorités. Agroécologie, agroforesterie, permaculture, des mots-clés. Mais nous verrons qu'ils ne sont pas suffisants pour mettre en œuvre la troisième révolution agricole.

L'agriculture figure au cœur de l'écologie par son pouvoir de créer une biodiversité belle et nourricière et d'amortir les effets du changement climatique. Le paysan est la sentinelle et le gardien de la terre. Voilà pourquoi il faudrait marcher pour l'agriculture quand on marche pour le climat. Marcher pour nos paysans.

Ceux qui nous nourrissent tiennent notre avenir entre leurs mains. Le changement climatique exerce une telle pression sur les paysages et les cultures ! Confrontées au réchauffement, aux épisodes de sécheresse prolongée, aux inondations subites, plantes et bêtes doivent s'adapter. Certaines souffrent, comme la pomme de terre, originaire des Andes, qui ne supporte pas le stress thermique. La vigne dépérit et le degré alcoolique des vins augmente. En France, un seul degré de plus, c'est une translation de la végétation de 100 kilomètres vers le nord pour certaines cultures.

D'autres risques apparaissent alors : trop septentrional, l'olivier, par exemple, arbre emblématique du pourtour méditerranéen, s'expose aux gelées. Comment faire, puisque dans son aire de répartition historique, la mondialisation des parasites menace son existence ? Apparue en 2013 en Italie, la terrible bactérie *Xylella fastidiosa*, qui le dessèche et le rabougrit, s'est ensuite diffusée en Corse. Elle vient d'arriver en Provence, où elle menace aussi d'autres cultures essentielles, comme la vigne, l'amandier, le chêne, la lavande, la luzerne, les arbres fruitiers… 200 espèces végétales sont exposées à ce feu bactérien, contre lequel il n'existe pour l'instant aucun traitement ! Quand *Xylella* est détectée, il faut éradiquer toute la végétation concernée dans un rayon de 100 mètres, mettre en place une quarantaine dans un rayon de 5 kilomètres. Que deviendra la Provence si elle est privée de ses plus beaux paysages ?

Chaque jour, de nouveaux bioagresseurs apparaissent dans le monde. Faut-il se résigner à mourir un jour de faim ? Ou bien faire confiance à ceux qui nous nourrissent et leur donner les moyens de nous sauver ? Pour un paysan, anticiper les effets du changement climatique demande de modifier le choix de ses cultures, la conduite de son exploitation, la gestion des réserves d'eau. À ces préoccupations bien réelles, s'ajoute la question essentielle des marchés : il lui faut non seulement pouvoir produire, mais aussi vendre.

Rien ne remplace le bon sens paysan !

Partout dans le monde, la question des prix est essentielle : ils doivent non seulement être rémunérateurs pour celui qui produit, mais à la portée de celui qui achète. C'est une équation souvent difficile à résoudre. Quand la nourriture devient trop chère, les peuples se révoltent et renversent leurs dirigeants. Les révolutions naissent toujours des crises alimentaires.

Les paysans ne sont pas seulement les gardiens de la terre, ils sont aussi et avant tout des chefs d'entreprise, qui veulent vivre dignement de leur travail. Ils ne veulent pas être assignés au seul statut de jardinier de la nature. Leur fonction est d'abord nourricière, et ils le revendiquent. Se nourrir, nourrir sa famille, nourrir son pays. Être enfermés dans la pénibilité et la pauvreté, subir la faim, c'est un destin qu'ils refusent désormais. Tous les citoyens du monde souhaitent avoir le choix de leur destinée, accéder à la mobilité, à la santé pour leur famille, aux études pour leurs enfants, à tous ces biens qui facilitent la vie, et que nous considérons avec dédain dans les sociétés de consommation, maintenant qu'ils nous sont acquis.

Mais si la frugalité peut être choisie, elle ne doit pas être subie. Les paysans ne veulent pas être enfermés dans le passé. Ils n'ont pas la nostalgie du monde d'hier : la précarité, la pauvreté, les pertes qui dévastent les récoltes. Une réalité qui fut celle du monde rural pendant des siècles en Europe et qui est toujours bien présente dans les campagnes pauvres. Les paysans n'en veulent plus. Ils sont entrés dans la modernité. Les plus avancés maîtrisent des techniques digitales si avancées qu'on les qualifie souvent d'ageekculteurs !

En Afrique, le plus modeste cultivateur possède désormais un téléphone portable, même s'il ne s'agit pas d'un smartphone et qu'il reçoit plus souvent des appels qu'il n'en donne, faute de crédit. Et Raoni Metuktire, Indien d'Amazonie qui parcourt le monde pour défendre les terres du peuple des Kayapos, possède son site web.

Préserver les forêts, mieux utiliser les terres cultivables, bien gérer celles que libère le réchauffement climatique aux hautes latitudes, veiller à ne pas livrer à l'érosion et à la désertification celles des basses latitudes, là où vivent de nombreuses humanités tropicales encore très pauvres, leur permettre de vivre décemment ; l'enjeu est colossal. Et pour y répondre, la seule technique ne sera pas suffisante : rien ne remplace le bon sens paysan !

Un monde sans paysan ne sera plus un monde viable. Rien de plus vital, de plus essentiel qu'une bonne agriculture. Les services que nous rendent les paysans ne sont pas seulement nourriciers, ils sont paysagers, environnementaux, climatiques – on dit désormais « écosystémiques » – mais aussi culturels, touristiques : le paysan permet à la campagne de rester vivante, de conserver son identité et sa beauté, d'être accueillante et belle. Il sculpte la nature et l'apprivoise, pour notre plus grand bien. Aller passer ses vacances à la campagne est un bonheur pour tant d'entre nous !

Partout dans le monde, le sort des agriculteurs, la façon dont ils travaillent, nous nourrissent et utilisent les terres, conditionnent l'avenir de la planète. Au lieu d'être craints, méprisés, accablés de critiques qui les découragent, ils devraient être considérés au contraire comme une chevalerie protectrice : la troisième révolution agricole se fera *avec* et *par* les paysans, pas sans eux, ni contre eux.

2

Nourrir l'humanité en protégeant la planète

Nous pensions avoir vaincu la faim. Non seulement elle est loin d'avoir disparu, mais elle risque de faire un retour en force. Près d'un milliard de personnes en souffrent toujours. Cette situation exacerbe les conflits et ces migrations qu'on qualifie désormais d'environnementales, alors qu'elles ne sont que l'éternel mouvement des peuples qui ne parviennent plus à trouver sur place de quoi subsister.

L'arme de la faim

L'accroissement démographique et la multiplication des crises climatiques rendent la question alimentaire plus aiguë encore. Certains pays, pourtant merveilleusement dotés par la nature, éprouvent quotidiennement la faim, comme le Soudan du Sud, la Centrafrique ou la République démocratique du Congo. D'autres ont renoué avec la pénurie, comme le Venezuela, ou avec les soupes populaires, comme l'Argentine. L'arme de la faim continue d'être employée, pas seulement dans les guerres comme en Syrie ou au Yémen, mais dans les échanges commerciaux internationaux, où seuls un tout petit nombre de pays ont la capacité d'exporter, alors que le nombre très important des importateurs, lui, les expose à la volatilité des prix sans pouvoir fixer leurs règles.

Préparer l'avenir est un impératif : selon la FAO, il faudra, pour répondre aux besoins croissants des classes moyennes émergentes, produire un milliard de tonnes de céréales en plus d'ici 2050. Et le commerce mondial des produits alimentaires sera de plus en plus tendu : alors qu'une personne sur six dépend aujourd'hui des marchés internationaux pour se nourrir, ce sera une sur deux en 2050. La demande alimentaire mondiale s'accroîtra de moitié d'ici 2050 et les deux tiers de cette demande viendront de l'Asie et de l'Afrique. La guerre des disponibilités alimentaires mondiales a commencé. Pour la résoudre, la troisième révolution agricole impose de nouveaux modèles, plus propres, plus durables… mais toujours aussi compétitifs.

Face à ces enjeux, sommes-nous prêts, nous qui rêvons des bonnes vieilles fermes d'antan ? Nous voulons du bio, des semences paysannes, des circuits courts. Ils ont pleinement leur place. Mais ils ne seront pas suffisants. Et surtout ils nous font courir le risque d'une terrible régression, alors que les questions des terres, de l'eau, des plantes cultivées, de la santé humaine, animale et végétale, deviennent stratégiques. Certains pays l'ont compris et se mettent en ordre de bataille. D'autres ne semblent pas avoir conscience des menaces qui se profilent. À commencer par l'Europe, et particulièrement la France, son premier pays agricole, qui court aujourd'hui le risque d'une terrible « désagriculturalisation ».

Concilier des attentes contradictoires

Aujourd'hui, l'alimentation cristallise les passions. Consommation de viande remise en question au nom du bien-être animal et d'un bilan écologique présenté comme désastreux, refus des « pesticides » (un bien mauvais terme, qui accuse d'emblée) pour une alimentation plus naturelle, dénonciation de l'agriculture « industrielle » et du « productivisme » au profit de modèles paysans, éloge des circuits courts contre les échanges internationaux, de la vente directe et des magasins spécialisés contre les hypermarchés, du fait-maison contre les plats préparés, les clivages se font radicaux.

Pourtant, au quotidien, le consommateur ne se comporte pas tout à fait comme le militant : en France, plus des neuf dixièmes de l'alimentation viennent toujours de ce qu'on continue à appeler l'agriculture conventionnelle. Et trois quarts des achats alimentaires se font encore en grande surface.

Les agriculteurs souffrent de cette distorsion : ils doivent en permanence se justifier de ne pas être (encore) passés en bio. En même temps, on compte sur eux pour produire une nourriture sûre, saine et pas chère. Comment concilier ces attentes contradictoires ? Certes, les désirs de leurs concitoyens, de plus en plus sensibles aux questions écologiques, méritent d'être entendus, et beaucoup d'agriculteurs envisagent de se

« convertir », terme à la charge symbolique très forte, qui montre combien le bio porte en lui plus qu'une méthode de culture : une philosophie.

Mais ces personnes éduquées, sensibilisées à la nécessité de se nourrir différemment, sont-elles bien conscientes elles-mêmes de ce que leurs choix impliquent ?

Oui, la nourriture que nous mangeons doit être belle et saine, goûteuse et variée, avoir été produite en respectant la nature et le bien-être animal, ne pas avoir pressuré une main-d'œuvre sous-payée, femmes, enfants, travailleurs immigrés. Pourtant, pour avoir du bio pas cher, nous importons de plus en plus, exploitant sans le savoir des paysanneries à l'autre bout du monde, au détriment de nos propres producteurs, ou bien achetant du bio industriel, produit par des machines dans d'immenses exploitations vides d'hommes dans des pays neufs.

Nous affirmons préférer les circuits courts, refusons que notre nourriture parcoure des milliers de kilomètres avant d'arriver dans nos assiettes, mais les épices et les fruits du monde tropical, le thé, le café et le chocolat nous sont indispensables. Prôner uniquement le local néglige aussi le fait que les paysans du Sud ont besoin de vendre leurs productions à des prix rémunérateurs pour sortir de la pauvreté, et que nous les faisons vivre en leur achetant des denrées qui de toute façon n'existent pas sous nos climats. Le monde tropical, lui, aspire au blé du monde tempéré.

Comment se replier sur le local ? La sécurité alimentaire d'aujourd'hui repose sur les échanges. Y compris internationaux. Vouloir ne consommer que ce qu'on produit soi-même, c'est se condamner à la monotonie et aux pénuries. Quand nous plaidons pour le local et la saisonnalité, nous oublions la rigueur de nos hivers ici, de la saison sèche et de l'aridité là-bas : la complémentarité, la diversité, les échanges sont indispensables. Personne ne peut se replier sur une autosubsistance stricte sans risquer la faim. Comment intégrer tous ces paramètres ?

Inventer les solutions nourricières de demain

Pour répondre aux défis économiques, environnementaux et sociétaux, l'agriculture de demain devra résolument changer. Devenir plus respectueuse de la nature, des sols, de la ressource en eau, mais sans rogner sur la sécurité alimentaire. Mobiliser les techniques et les moyens les plus avancés, devenir de plus en plus digitale et connectée, mais en restant paysanne. Une agriculture à la fois écologique et nourricière, productive mais respectueuse de la nature.

Les nouveaux paysans sont devenus des manageurs de la photosynthèse. Ils pilotent les paysages et le climat de demain. La nécessité de produire propre et durable métamorphose déjà les campagnes du monde. Partout, un impératif s'impose : ne plus saccager les terres et les livrer à l'érosion, en rejetant par la déforestation et la destruction des sols des milliards de tonnes de dioxyde de carbone et autres gaz à effet de serre dans l'atmosphère, ce qui accélère le changement climatique et provoque sécheresses, glissements de terrains, inondations, épuisement des ressources. Nous avons au contraire le devoir et le pouvoir d'améliorer nos milieux de vie, en créant à la fois une biodiversité d'autant plus précieuse qu'elle est nourricière, mais aussi des paysages, de l'énergie et des fibres, tout en protégeant les sols. La bonne agriculture répare en même temps le climat et les écosystèmes sans perdre de vue sa vocation nourricière, sa fonction productrice !

Les solutions prêtes à l'emploi d'hier, quand il fallait d'abord produire plus pour nourrir le monde, sont aujourd'hui remises en question. L'agriculture est entrée dans le monde de l'incertitude et de la complexité. C'est pourquoi elle ne doit pas cesser d'innover et de s'adapter. Il faut investir massivement dans la recherche pour lui permettre d'assurer sa transition agroécologique. La troisième révolution agricole doit réconcilier l'écologie et l'agronomie, l'économie et le social, la ferme et la firme.

À travers l'acte de se nourrir, il y a ainsi aujourd'hui beaucoup plus que la satisfaction de besoins physiologiques pourtant essentiels : des choix politiques, idéologiques, des modes de vie, des cultures, notre relation à la nature et aux territoires. La madeleine de Proust, ce n'est plus seulement un goût, le bonheur d'une saveur ; c'est un champ de blé, donc un paysan et un paysage ; du beurre et des œufs, donc des éleveurs et leurs bêtes ; un meunier, un crémier, un pâtissier ; ou une biscuiterie, artisanale ou industrielle. Des circuits différents certes, mais toujours des métiers, un savoir-faire. Et le prix, qui fait office de juge de paix : la madeleine ne doit pas être réservée aux élites. Tout le monde a droit à une nourriture saine et accessible. Mais elle ne doit pas non plus, pour être accessible à tous, sacrifier la qualité, le bien-être animal, voire la santé.

Qui dit agriculture, dit lien à la terre. Dans les

années 1970, on pensait qu'il suffirait d'une pilule quotidienne en l'an 2000 pour se nourrir. La dimension culturelle de l'alimentation avait été largement sous-estimée. Aujourd'hui, la nourriture conçue en laboratoire et dans des usines intéresse un nombre croissant de start-up ambitieuses, comme de très gros investisseurs, persuadés que des aliments « high-tech » (viande de synthèse, élevage d'insectes, valorisation des algues) répondront de façon optimale aux attentes du développement durable : produire plus et mieux en respectant la nature, lutter contre le changement climatique et le gaspillage. Le bilan environnemental de ces techniques, qui mobilisent massivement la chimie, est pour l'instant bien loin de surpasser celui de la viande naturelle ou de l'alimentation produite au champ. L'imprimante 3D n'est pas encore près de nous concevoir la madeleine idéale. Heureusement ! Cet avenir-là nous préparerait un monde déshumanisé, où le lien à la terre et à la nature se sera perdu. Un monde sans paysans, donc sans campagnes vivantes.

La nourriture doit aussi être bénéfique pour notre santé. Nous nous sommes mis à détester la chimie, mais les contaminations bactériologiques sont meurtrières, les pandémies et les zoonoses peuvent tuer des milliers de personnes, car les immenses concentrations urbaines d'Asie, où animaux et hommes vivent souvent imbriqués, favorisent les épizooties et la contagion. Comment produire propre sans risquer d'empoisonner quiconque, ni le paysan, ni la nature, ni le consommateur ?

Et, pour nourrir les mégalopoles, il faut transporter, stocker, transformer, distribuer d'énormes quantités d'aliments, mais aussi approvisionner même les lieux les plus éloignés. Or, plus un pays est avancé, plus le nombre de personnes qui se consacrent à produire de la nourriture est faible, et malgré les discours enthousiastes ou militants, peu de personnes sont prêtes, dans les pays riches, à renouer durablement avec la pénibilité du travail de la terre.

Au contraire, plus un pays est pauvre, plus il compte de paysans. Et ce sont eux, les premières victimes de la faim. Sauf que, lorsqu'ils souffrent trop, ils partent vers les villes, où leur situation ne s'améliore pas car ils doivent gagner de l'argent pour se procurer la nourriture qu'ils ne produisent plus. On observe ainsi une urbanisation de la faim, qui rend les foules urbaines de plus en plus sensibles à la cherté de la vie.

C'est un défi aussi angoissant que magnifique pour l'humanité que d'inventer les solutions nourricières de demain. Il faut le faire sans enfermer les paysans dans la précarité et la pauvreté, sans opposer la nature idéalisée à l'environnement cultivé, la ville à la campagne. La troisième révolution agricole ne pourra se faire sans l'engagement des paysans, mais ils ont besoin de notre compréhension et de notre soutien, car toute modification de leurs pratiques signifie toujours pour eux une prise de risques, un pari sur l'avenir.

Il ne faut pas décourager ceux qui nous nourrissent, alors même que l'exode rural, la déprise foncière, et, dans les pays de forêts tropicales, une conception minière de l'agriculture, fondée sur la logique du pionnier qui avance toujours plus loin, ruinent bien des territoires, livrés à la friche, à l'embroussaillement, à l'incendie.

Partout une agriculture de précision

Comment, dans des marchés agricoles mondiaux aux prix de plus en plus volatils, conserver l'agriculture familiale du Sahel, du Gers ou d'Amérique centrale, alors que de grandes plantations de plusieurs milliers d'hectares, dans les anciens pays communistes d'Eurasie, en Amérique ou en Océanie, pourraient seules nourrir le monde ? Le choix n'est pas entre la ferme et la firme, les deux doivent coexister : certains espaces immenses sont presque déserts, en Russie, au Kazakhstan, dans la pampa argentine ou en Australie.

Le changement climatique ouvre de nouvelles terres aux hautes latitudes, qui reverdissent rapidement. Dans ces terres vides d'hommes, les machines, les robots, les techniques les plus avancées produisent des denrées qui obéissent à nos attentes écologiques en utilisant très peu de produits chimiques de synthèse, en travaillant sur le cycle de l'eau et sur l'économie circulaire. Le bio industriel y est déjà une réalité, à des prix défiant toute concurrence.

Mais pour les humanités nombreuses des basses latitudes, pour l'Europe densément peuplée, la pérennité d'une agriculture à visage humain, nourricière, rémunératrice, respectueuse des écosystèmes est une nécessité. Il faut garder vivantes nos campagnes !

Grandes cultures, jardins intensifs de la permaculture, agroécologie et agroforesterie – qui remettent les associations de plantes et l'arbre au cœur des écosystèmes –, agriculture conventionnelle et agriculture biologique, fermes urbaines, usines agricoles verticales en ville, comme en Asie, serres pour produire à l'abri des ravageurs ou en hiver, mais aussi cultures maraîchères de plein champ, circuits courts et échanges internationaux, polyculture, élevage, filières spécialisées… Tous les modes de production doivent coexister pour faire face aux enjeux d'aujourd'hui et de demain.

Face à la diversité des territoires et des marchés, tous les modèles devront être associés : aucun ne peut tenir lieu de panacée, aucun ne peut être généralisé sans créer de profonds manques. Mais il y a une règle, générale et inévitable : quel que soit le mode de production, il nous faudra une agriculture efficace. Le paysan ne cultive pas un jardin pour son propre plaisir, il nourrit le monde. Un monde où les villes sont de plus en plus grosses. Un monde où le prix de la nourriture conditionne la paix sociale.

En 2050, nous serons 2 milliards de personnes en plus sur la terre. Et, si plus personne ne veut d'une agriculture de pollution, se mobiliser pour une agriculture de solutions, à la fois nourricières et écologiques, demande des investissements financiers et scientifiques, des moyens techniques, un soutien économique et politique. Il nous faut mettre en place partout une agriculture de précision, attentive à soigner le vivant, à tirer le meilleur de la nature. Une agriculture où chaque intervention est réfléchie, de manière à optimiser la capacité de réponse des écosystèmes, pour obtenir de belles moissons, des vergers en bonne santé, des prairies verdoyantes et fleuries, où les insectes pollinisateurs et auxiliaires peuvent s'épanouir.

Une question agricole stratégique : les 6 F

Nous avons besoin de retrouver la confiance en la capacité amélioratrice des civilisations. La bonne nouvelle, c'est que plus le niveau de vie de l'humanité s'élève, plus sa conscience écologique progresse. Là où le pauvre devait d'abord satisfaire ses besoins essentiels, les nouvelles classes moyennes du monde sont de plus en plus exigeantes sur leur nourriture, de plus en plus conscientes de la nécessité de préserver l'environnement, qui est leur cadre de vie et conditionne leur bonheur et leur santé. Mais elles sont aussi formées de consommateurs, qui font leurs comptes et arbitrent en fonction des prix !

N'idéalisons pas le passé, ne refusons pas la modernité ! Le temps de la chasse et de la cueillette est terminé. La nature n'est jamais plus belle que lorsqu'elle est soignée et entretenue par l'homme : les plus belles fleurs, les plus beaux fruits, les animaux en meilleure santé sont ceux qui bénéficient de soins attentifs et respectueux. La céréale sauvage est petite et nourrit chichement, celle issue de la sélection variétale ne cesse de s'améliorer, pour répondre au défi de nous nourrir, tout en résistant à la sécheresse, au sel, et à ses bioagresseurs dont le nombre ne cesse de croître.

Pour résoudre l'équation environnementale, il faut donc intégrer six paramètres essentiels : le changement climatique, la dégradation des écosystèmes, la croissance démographique, l'urbanisation, l'élévation du niveau de vie mondial, une nécessaire équité. Sans une paysannerie forte, confiante, soutenue, rien ne sera possible : cultivateurs, éleveurs, pêcheurs, tous ceux qui demandent à la nature de nous fournir de quoi satisfaire nos besoins physiologiques essentiels, doivent devenir d'intérêt général.

Pourtant, ils sont souvent oubliés, méprisés. Quelle aberration ! Négliger les paysans, c'est marquer un but contre son camp. Partout la question agricole est stratégique. Les pays qui sont sortis de la pauvreté sont ceux qui ont investi dans l'agriculture. Pour sauver la planète et surtout l'humanité – car la planète existera toujours et n'a cure de notre disparition –, l'agriculture a toutes les réponses. Ce sont les 6 F. Nourrir les hommes (*food*), nourrir les animaux qui nourrissent les hommes (*feed*), respecter, voire créer de la biodiversité (*forest*), verdir la chimie (*fiber*) et l'énergie (*fuel*) avec des ressources renouvelables, réparer la planète (*fix*).

3

Continuer à produire et à échanger

Pendant des millénaires, l'humanité a survécu, le ventre tenaillé par le manque. Les grandes famines ont marqué l'histoire mondiale : sécheresses bibliques, maladies et insectes dévastant les champs et le bétail, guerres, hivers volcaniques consécutifs à des éruptions majeures, comme celle du Tambora en 1815.

Mais les sept plaies d'Égypte nous guettent toujours.

Certes, nous vivons désormais dans un monde d'abondance – en tout cas pour ceux qui peuvent acheter à manger. Aujourd'hui, la peste porcine tue des millions de porcs en Chine sans provoquer de désastre, même si les prix de la viande flambent dans le pays, mécontentant la classe moyenne. L'Empire du Milieu a les moyens et la possibilité d'acheter de la viande à l'étranger, de développer la « viande » végétale, de se réorienter vers le poulet et le bœuf, même si le porc a, et de loin, la préférence des consommateurs chinois. Pour le grand bonheur des producteurs bretons, qui ont longtemps souffert de prix déprimés par une concurrence déloyale… Et tant que la maladie ne pénètre pas en France : une barrière antisangliers a été édifiée à la frontière belge, mais les éleveurs sont à la merci de l'épizootie.

Si le nouvel ogre planétaire qu'est la Chine peut importer, c'est parce que le monde produit suffisamment, désormais, pour satisfaire les besoins de l'humanité. L'accroissement des disponibilités alimentaires mondiales *par habitant* a été de 30 % depuis 1960, alors même que la population de la planète a été multipliée par 2,5 ! Nous sommes passés d'un milliard de tonnes de céréales produites en 1960 pour 3 milliards de personnes (dont un tiers souffrait de la faim), à 2,7 milliards de tonnes en 2019 pour 7,7 milliards de personnes (dont le onzième souffre de la faim).

Mais cette formidable victoire qu'est l'effondrement du pourcentage de malnutris, dû à l'accroissement considérable des disponibilités alimentaires mondiales grâce aux révolutions vertes, a son cruel revers : le nombre de victimes de la faim ne descend guère. 820 millions de personnes souffrent toujours de malnutrition chronique, liée à la pauvreté et au sous-développement, ou de famines, dues aux conflits. Et près de 2,5 milliards présentent des carences provoquées par le manque de nutriments essentiels, vitamines A (cécité), B (pellagre, immunodépression…), C (scorbut, asthénie), D (rachitisme), fer (anémie), sel (goitre et crétinisme)…

Cette faim silencieuse, liée à un pouvoir d'achat insuffisant, mais également à l'ignorance (les pauvres se nourrissent mal en général), peut aussi prendre paradoxalement le visage de l'obésité, provoquée par une surconsommation de calories vides, de gras, de sucré, de salé produits industriellement à bas coût. Comme à Cuba, où les habitants sont perpétuellement en quête de produits frais. Le fardeau du surpoids, qui touche

2 milliards de personnes, coûte aujourd'hui plus cher à l'humanité que celui de la famine. Ses dégâts sont colossaux en termes de santé publique, avec l'explosion des diabètes, des cancers des voies intestinales, des maladies cardio-vasculaires. Le coût économique en est certes beaucoup plus élevé que celui de la faim, puisque les affamés sont des non-consommateurs, qui ne comptent pas. Mais le coût moral de la faim est insoutenable : la mort en bas âge des enfants, la douleur des mères, la détresse des pauvres. Alors, à mes yeux, il est moins grave de souffrir de suralimentation que de sous-alimentation, car l'excès est toujours plus facile à accepter que le manque.

Pourtant, l'un et l'autre traduisent une réalité identique : la question alimentaire, dans sa dimension qualitative et quantitative, ne peut pas être négligée. Nos régimes alimentaires conditionnent notre santé et notre espérance de vie. Qu'elle soit carencée, excessive ou malsaine, l'alimentation est ainsi le premier facteur de mortalité dans le monde : anémie, déminéralisation, cécité, retard de croissance, rachitisme, mortalité infantile d'un côté, diabète, cancers, accidents vasculaires cardiaques ou cérébraux de l'autre. Que ton alimentation soit ta première médecine, disait déjà Hippocrate au ve siècle avant notre ère.

Selon une étude publiée en mars 2019 dans *The Lancet*, revue médicale de référence, un décès sur cinq dans le monde serait dû à une diète inadaptée. Le taux de mortalité lié à cette dernière atteint des records en Ouzbékistan, où l'on compte près de 1 000 morts pour 100 000 habitants, soit dix fois plus que la moyenne mondiale. Je l'ai expérimenté à mon détriment, comme beaucoup de touristes frappés par de très sérieuses gastro-entérites dans ce pays, merveilleusement beau pourtant. Les risques les plus faibles se situent en Israël (89 décès pour 100 000), suivi par la France, l'Espagne et le Japon. Oui, la France, où tant de personnes ne cessent d'accuser leurs agriculteurs de les empoisonner, et qui a pourtant l'une des agricultures les plus sûres et l'une des espérances de vie les plus longues au monde (82 ans) !

Les manques d'hier

« Il faudrait revenir à la bonne nourriture d'avant, celle qui avait du goût et était si saine », entend-on souvent. Si la machine à remonter le temps existait, nous tomberions de haut ! Mais l'esprit humain est ainsi fait qu'il idéalise en permanence le passé, ne sélectionnant que les souvenirs heureux, oubliant les vers de la pomme, le lait tourné et trop gras, dont la crème fascinait ou au contraire dégoûtait, le pain moisi. L'ergot, ce minuscule champignon qui contamine les céréales, invisible, malgré sa couleur rouge, dans le seigle quand la farine est broyée, a provoqué dans l'histoire des drames horribles : des populations entières devenaient folles, leurs membres se gangrenaient et tombaient. On appelait cette maladie, qu'on ne savait pas expliquer, le « feu de saint Antoine », ou mal des ardents. Du pain contaminé par l'ergot est probablement responsable de la tragédie de la petite ville de Pont-Saint-Esprit, dans le Gard, en 1951, avec des dizaines de personnes prises de folie, et sept morts. Cette maladie continue de faire des ravages dans les pays pauvres, chez les humains comme chez les animaux, et les agences de sécurité sanitaire mettent en garde contre le risque de certaines farines bio, importées notamment.

Le philosophe, académicien et historien des sciences Michel Serres publie en 2017, deux ans avant sa disparition, à l'âge de 89 ans, un *C'était mieux avant !*, qui remet les pendules à l'heure. Nous sommes si protégés aujourd'hui des fléaux d'hier que nous avons oublié à quel point la chimie nous a sauvés de bien des maladies mortelles, de la pénibilité du travail manuel, d'une espérance de vie raccourcie par le malheur des temps. La nostalgie d'un passé idéalisé a toujours existé, elle s'apparente au regret de l'enfance, de la pureté originelle.

Mieux avant ? Les pénuries régulières conduisaient les familles à remplir leurs placards de sucre, de farine, de pâtes et de conserves, achats de précaution si fréquents qu'ils suscitaient eux-mêmes la pénurie (ce que les économistes qualifient de prophéties autoréalisatrices). Le fameux verre de lait dans les écoles fut imposé en 1954 par le gouvernement Mendès-France pour lutter contre la malnutrition des petits Français, à qui on servait souvent à table un verre de « gnôle » pour leur donner des forces : l'alcool n'a été interdit dans les cantines scolaires qu'en 1956 ! Non, ce n'était pas mieux avant, quand les médecins et les prêtres voyaient mourir prématurément des femmes et des hommes usés d'avoir travaillé toute leur vie de leurs mains, le dos courbé à force d'avoir gratté la terre et défriché avec de pauvres outils. La maladie de la colonne vertébrale déformée des paysans portait même un nom : plicature champêtre ! C'est ce qui explique que nos grands-parents ne se posaient pas trop de questions quant à la toxicité des produits, et qu'ils les appliquaient plus que généreusement, de façon préventive, sous la houlette des techniciens des coopératives. Une façon d'agir dont nous constatons aujourd'hui les conséquences en termes de pollution, mais qui ne les a pas empêchés de voir progresser considérablement leur espérance de vie.

Les anciens se souviennent encore de la faible diversité de l'offre alimentaire et du manque de disponibilités, comme de l'extrême saisonnalité des produits. Manger local et de saison n'était pas un choix alors, mais une obligation. Qui connaissait dans les années 1970 le kiwi, la nectarine, les sushis (manger du poisson cru, comme les Japonais, paraissait alors la pire horreur), le quinoa, l'açaï, la stévia, les baies de goji ? Personne ne pouvait alors imaginer la diversité des épiceries d'aujourd'hui !

Tout se passe comme si les classes aisées avaient totalement oublié les manques d'hier. Certaines personnes, pourtant instruites, nous affirment qu'il ne faudrait consommer que la nourriture produite dans un rayon de 150 kilomètres. Sans doute est-ce possible, mais il faut alors faire preuve d'une ingéniosité sans limites, d'un pouvoir d'achat conséquent, de beaucoup de temps pour trouver les bons produits et les cuisiner. Et vivre comme un mormon, c'est-à-dire se passer de thé, de café, de tabac et d'alcool. Le chocolat et toutes les denrées tropicales doivent aussi être bannis, bien sûr. La nouvelle religion alimentaire est très dogmatique.

Les consommateurs plébiscitent désormais la vente directe, l'approvisionnement local et saisonnier, le jardin potager plutôt que la serre chauffée (bannie en bio), le petit producteur local plutôt que l'hypermarché, les aliments non transformés par l'industrie agroalimentaire, voire la cueillette directe à la ferme. Nous verrons dans ce livre que, bien sûr, ces modes de production et de consommation ont toute leur place, mais, la volonté de les généraliser en bannissant l'agriculture conventionnelle signerait notre déclin économique et le retour de la malnutrition… sans améliorer forcément le sort des paysans. Les discours sont souvent éloignés des faits : le prix reste une variable essentielle dans l'acte d'achat, et, répétons-le, c'est toujours la grande et moyenne distribution qui assure les trois quarts de l'alimentation.

Pourtant, l'agriculture dite conventionnelle, qualifiée de productiviste, se voit discréditée au profit d'autres modes de production, tels que l'agriculture biologique, l'agroécologie, et surtout la permaculture, qui suscite un engouement à la mesure de la méconnaissance qui l'entoure. Nous verrons que ces modèles ont leur pleine valeur, mais qu'ils ne nourriront pas le monde urbain de demain.

L'élevage intensif, qui fut adopté après la Seconde Guerre mondiale pour nourrir des populations affamées en optimisant la production de protéines animales, est dénoncé comme concentrationnaire. Bien que minoritaires, végétariens et vegans occupent l'espace public en dénonçant la maltraitance animale, le gaspillage et la pollution que susciterait la consommation de produits animaux. Oui, réduire à l'état de « minerai » des êtres sensibles est intolérable. Mais il ne faut pas tout mettre sur le même plan, nous le verrons au dernier chapitre, et pour la grande majorité des éleveurs, le bien-être de leurs animaux conditionne leur propre bien-être. Ne détruisons pas tout !

De même, les échanges internationaux sont stigmatisés au profit des circuits courts, de la relocalisation des approvisionnements. Le fait que les agriculteurs souffrent de la volatilité des cours et de difficultés croissantes à assurer la rentabilité de leurs exploitations dans un contexte de libéralisation mondiale des marchés conforte les critiques. Ils sont souvent présentés comme des victimes de l'agriculture intensive, qui n'auraient qu'à opter pour un autre modèle pour vivre mieux. Mais si travailler à réduire les charges d'exploitation, diminuer le coût des intrants, augmenter l'autonomie à la ferme, afin d'éviter le piège de l'endettement, sont des nécessités pour stabiliser le revenu du paysan en écrêtant la volatilité des cours des matières premières et les prix de vente insuffisants, il faut cependant continuer à produire. Renvoyer le paysan à une charge de travail écrasante pour un revenu aléatoire, ce serait faire peu de cas de sa dignité.

La faim d'aujourd'hui

Même en France, où nous avons pourtant oublié la peur de manquer, la faim existe toujours. Elle s'est faite plus discrète, reléguée dans les foyers les plus pauvres ou chez les personnes désocialisées. Dans un pays où le repas gastronomique de tradition française a été inscrit en 2010 au patrimoine mondial immatériel de l'Unesco, 9 millions de personnes n'ont pas les moyens de se nourrir correctement en faisant trois repas équilibrés par jour.

Ce qui est vrai pour la France l'est encore plus pour le monde. Beaucoup de pauvres n'ont pas encore eu la chance d'entrer dans la transition alimentaire, c'est-à-dire de passer d'une nourriture peu variée et insuffisante en quantité, à base de céréales et de tubercules produits localement – consommés en pâte ou en bouillie, parfois frits quand on a les moyens d'y incorporer un corps gras –, à un régime alimentaire diversifié, incluant des fruits et des légumes, des fruits secs, des produits laitiers et animaux, une nourriture riche en protéines et en nutriments essentiels, vitamines, sels minéraux indispensables à la santé. Et ils souffrent de la faim, faute de production et faute de pouvoir d'achat.

Cette réalité sociale et économique est impitoyable : sauf quand on a soi-même accès à la terre, la compétence et les moyens pour produire sain et varié, la possibilité de manger frais en toute saison, les aliments les meilleurs pour la santé sont aussi ceux qui coûtent le plus cher. Ils sont en effet hautement périssables et délicats à produire, contrairement à la nourriture industrielle, sûre en quantité, disponible à bas coût, avec une conservation suffisamment longue pour pouvoir être stockée. Et les pauvres passent ainsi de l'émaciation à l'obésité.

Dans l'histoire de l'humanité, la famine a toujours été une arme majeure. Quoi de plus efficace que la faim pour faire plier un peuple ? L'arme alimentaire d'hier – terres brûlées, puits empoisonnés, récoltes confisquées – continue d'être employée en temps de guerre, au Yémen, en Syrie, au Soudan. Mais elle peut changer d'échelle et prendre demain le visage d'approvisionnements qui se tarissent. Embargos, blocus, sièges… la tactique a fait ses preuves. 10 pays seulement assurent 94 % des exportations mondiales de blé ! Pour le riz comme pour le maïs, le nombre de grands vendeurs est tout aussi limité. Et ils n'hésitent pas, quand leurs récoltes sont mauvaises, à suspendre leurs exportations pour réserver la nourriture à leur marché intérieur.

Des révoltes frumentaires partout dans le monde

Avec près de 400 millions de tonnes de céréales, les échanges mondiaux ne représentent que 15 % de la production, mais ils conditionnent le prix de la nourriture. Une hausse des cours, et les citadins descendent crier leur colère dans les rues. Partout où les pauvres consacrent une part colossale de leurs maigres revenus à l'alimentation, mais aussi au transport, au logement, dépenses incompressibles pour lesquelles chaque centime compte, guettent ces nouvelles révoltes frumentaires que sont les émeutes de la faim. Plus de 30 pays les ont vécues lors de la grande crise alimentaire de 2007-2008.

En 2019, on manifeste partout dans le monde, de l'Irak à Haïti, contre le coût de la vie et l'incompétence des gouvernants… Quand vous vivez en bidonville et consacrez 80 % de votre budget à nourrir votre famille, toute flambée des prix vous jette dans la rue. L'alimentation engendre les révolutions. En 2050, le déficit céréalier de l'Afrique risque de dépasser 110 millions de tonnes, celui de l'Asie du Sud en représentera la moitié. Qui les nourrira ?

À la faim aiguë et meurtrière liée aux conflits, tuant massivement les enfants en bas âge, qui affecte plus de 100 millions de personnes chaque année, s'ajoute la faim silencieuse des pauvres, majoritairement des paysans, mais aussi de plus en plus d'urbains, puisque l'exode rural continue de pousser vers des villes refuges les populations en détresse des campagnes oubliées. Une humanité rurale qui souffre de la pénibilité de son travail et se demande chaque jour de quoi demain sera fait. Trois quarts vivent en Afrique et en Asie du Sud. En Inde, premier pays de la faim au monde avec plus de 200 millions de malnutris, des enfants meurent à côté d'entrepôts pleins où pourrissent les grains. Plus de 500 millions de personnes en Asie souffrent toujours de la faim, 250 millions en Afrique. Et elle a fait son grand retour en Amérique latine !

Plus d'un milliard de personnes à travers le monde subissent ainsi la malnutrition. Les stratégies de défense familiales aggravent le problème collectif. C'est dans les campagnes les plus pauvres qu'on fait le plus d'enfants, main-d'œuvre indispensable dans les champs et les foyers, et assurance vieillesse. Comme au Niger, où les femmes rurales, avec une fécondité moyenne de 8 enfants, sont proches du maximum physiologique. Si l'éducation, l'âge moyen au mariage et le niveau de vie ne s'élèvent pas, facteurs indispensables pour voir s'infléchir la croissance démographique, ce pays sahélien, qui compte 21 millions d'habitants, en aura près de 70 millions en 2050 !

La pression démographique dévaste des milieux surexploités : le temps et les terres manquent pour respecter les durées de jachère nécessaires à la reconstitution de la fertilité des sols, les troupeaux s'accumulent autour des points d'eau. Privés de perspectives, les jeunes quittent les villages dans l'espoir d'une vie meilleure, vers la ville ou le pays proche pour la plupart, mais aussi vers ces eldorados convoités que sont les pays riches : c'est « l'aventure », comme on la nomme en Afrique occidentale, en réalité le plus périlleux des périples, qui déstabilise autant les régions de départ, privées de leurs meilleurs éléments, les plus audacieux et les plus éduqués, que les régions d'accueil, où cet afflux engendre des réflexes nationalistes, xénophobes et populistes.

Quand la Chine reverdit...

Quel paradoxe que cette situation de l'agriculture en Afrique ! Ce continent possède 60 % des terres cultivables du monde, mais le dixième seulement est mis en valeur. Et la facture alimentaire africaine ne cesse de s'alourdir, parce que les villes se trouvent en situation littorale et comptent sur les importations pour se nourrir. Des importations qui génèrent en outre des taxes douanières convoitées par les États...

Le paysan, lui, peine à s'insérer dans les circuits agroalimentaires : ses rendements sont trop bas et trop aléatoires, les récoltes souvent de piètre qualité, les infrastructures déficientes. Investir dans l'agriculture, et pas seulement l'agriculture industrielle moderne, mais aussi et surtout dans l'agriculture paysanne, permet de transformer le paysan en citoyen doté d'un pouvoir d'achat qui l'intègre dans les marchés de consommation. Seuls les pays qui ont fait de l'agriculture une priorité émergent. Hélas, peu d'entre eux ont réalisé cet effort, préférant importer.

Pourtant, le défi alimentaire nous menace. Et la Chine le sait. Pour alimenter sa population de 1,4 milliard de personnes – le cinquième de l'humanité ! –, assouvir son besoin immense de pétrole, de maïs, de soja, de pommes, de métaux, avec seulement 7 % des terres et 6 % des réserves d'eau de la planète, l'Empire du Milieu a misé sur le gigantesque programme d'investissement des nouvelles routes de la Soie. Lancée en 2013, l'Initiative de la ceinture et de la route, ferroviaire, maritime, portuaire et routière, tisse un faisceau de voies de pénétration dans toutes les mers et tous les pays du monde. La Chine achète des terres et des firmes stratégiques partout, comme Syngenta, un des leaders mondiaux des semences et des produits phytosanitaires, absorbée en 2016 par ChemChina. Profitant de ce que nous nous déchaînions contre les « pesticides », elle prend possession de leurs fabricants, ce qui risque de nous poser de sérieux problèmes demain.

La Chine vassalise à coups de prêts trop généreux pour être remboursés les pays qui l'approvisionnent, investit massivement dans l'agronomie, la génétique, la robotique, l'intelligence artificielle. Comme tous les pays qui émergent, elle a décidé d'en finir avec le coût écologique désastreux de sa croissance à marche forcée : eau du robinet contaminée, dépendance aux produits de traitement les plus toxiques, écosystèmes dégradés, alimentation entachée de nombreuses fraudes et irrégularités…

On ne peut pas espérer redevenir la première puissance mondiale, objectif fixé pour le centenaire de la naissance de la République démocratique populaire de Chine, en 2049, sans avoir réglé la question alimentaire, dans un pays dont l'histoire est marquée par de terribles famines. Famines naturelles dues à des crises de subsistances, mais aussi famines politiques. La plus grande famine du XXe siècle, celle du Grand Bond en avant des années 1960, n'est due qu'aux choix désastreux du gouvernement communiste de

Mao Tsé-toung. En mobilisant les campagnes au service d'un effort d'industrialisation à marche forcée, il voulait dépasser le grand rival soviétique et rembourser la dette contractée par la Chine auprès de Staline. Résultat : 30 millions de morts et 30 millions de déficit des naissances, un creux encore observable dans la pyramide des âges chinoise.

Le président Xi Jinping, qui veut devenir l'empereur rouge du socialisme de marché, plus puissant encore que Mao, a connu la misère des campagnes au temps de la Révolution culturelle. Il sait à quel point la nourriture est stratégique pour « remplir les estomacs et vider les têtes ». Il sait aussi que la faim peut faire son grand retour si nous négligeons l'agriculture, l'acte de produire de la nourriture, de la protéger, et de la stocker en prévision des crises et des années de vaches maigres. Et elle mise sur le maïs, cette plante que nous adorons critiquer. La Chine lui consacre désormais le cinquième de ses terres. Elle en est devenue le deuxième producteur mondial, avec 200 millions de tonnes – le cinquième de la récolte de l'humanité ! La Chine n'est plus seulement le pays du riz (au sud) et du blé (au nord), elle sait que sans cette céréale que la FAO continue de qualifier de « secondaire » – car elle nourrit autant les bêtes que les hommes –, point de salut.

Le rôle essentiel des grandes cultures

Continuer d'augmenter les disponibilités alimentaires et améliorer leur qualité nutritionnelle et sanitaire est un impératif. Ceux qui ont faim sont ceux qui n'ont pas de pouvoir d'achat dans un monde d'abondance.

En augmentant les quantités disponibles, on fait baisser les prix et on rend la nourriture accessible même aux défavorisés. Tout ce qui renchérit le prix de la nourriture est dangereux. La loi de King enseigne qu'une modification même faible des récoltes se répercute de façon amplifiée dans les prix : peur de manquer, achats de précaution, restriction des exportations, spéculation…

Produire, mais où et comment ? Les terres cultivées n'occupent que 3 % de la superficie terrestre totale. Notre planète bleue est recouverte à 70 % d'eau, massivement salée (l'eau douce ne représente que 3 % du total). Le GIEC rappelle dans son rapport d'août 2019 que sur les 130 millions de km^2 que représentent les terres émergées libres de glace, seuls 12 % sont cultivés. 10 % sans irrigation et 2 % irriguées, soit 16 millions de km^2 au total. L'élevage, lui, occupe 37 % des terres (34 millions de km^2), dont 2 % seulement sont utilisés intensivement. Le reste : des savanes, des marais et des steppes anthropisés. 22 % des terres enfin sont composées de forêts plantées. Les grandes cultures sont le nerf de la guerre alimentaire. Il faudra augmenter de 14 % par décennie leur productivité pour produire les 3,5 milliards de tonnes de céréales nécessaires à l'humanité en 2050. Elles occupent toujours plus de la moitié du 1,6 milliard d'hectares cultivés sur la planète et assurent les deux tiers de la nourriture mondiale.

Ces grandes cultures jouent un rôle considérable dans la lutte contre le changement climatique. En France, elles stockent le quart du carbone capté dans les sols, un pourcentage qui peut être augmenté par l'introduction de haies, la plantation d'arbres entre les parcelles, la généralisation des cultures intermédiaires pièges à nitrate (CIPAN), pois, féveroles, luzerne, trèfle, triticale…

Pour nourrir l'humanité, nous ne pouvons pas nous passer des 600 millions de tonnes de blé, 500 millions de tonnes de riz, 360 millions de tonnes de soja, et surtout des 1 200 millions de tonnes de maïs, première céréale mondiale. Tous sont nécessaires à l'alimentation des hommes, à celle des bêtes qui les nourrissent (et, dans les pays pauvres, les transportent, les vêtent, et leur fournissent de l'énergie), à la chimie verte, à la fourniture de biomasse renouvelable productrice d'énergie.

Les filières céréalières s'interrogent partout sur les moyens de renforcer leurs services écologiques, en adoptant notamment des certifications dites HVE (haute valeur environnementale). En France, par exemple, les producteurs de maïs ont décidé, lors de leur congrès de novembre 2019, à Toulouse, de capter un million de tonnes de carbone supplémentaire dans leurs sols d'ici 2025. L'initiative 4 pour 1 000 de la COP21 en 2015 vise en effet à accroître de 0,4 % par an le stockage du carbone dans le sol. Pour cela, il faut limiter la déforestation, ne plus retourner les prairies permanentes… et revoir la conduite des grandes cultures, principales marges de progression.

Aujourd'hui nous sommes 7,7 milliards et pourtant les disponibilités alimentaires mondiales permettraient aisément de nourrir chaque être humain (sous réserve, hélas, qu'il dispose du pouvoir d'achat requis, car la production alimentaire s'adapte à la demande solvable, les affamés sont des non-consommateurs), parce que les progrès agricoles, les révolutions vertes sont passés par là. Un hectare de maïs donne près de 15 tonnes de nourriture quand il est bien géré, sans abîmer la planète, épuiser les sols et nuire à la biodiversité. Il existe ainsi des monocultures de maïs depuis près de cinquante ans dans le Middle West américain ou le sud-ouest de la France, qui permettent de valoriser des sols pauvres en produisant une quantité de biomasse considérable, donc en captant une grande quantité de dioxyde de carbone.

La notion de surpeuplement est ainsi relative : elle dépend des techniques dont vous disposez pour mettre en valeur un milieu. L'économie de cueillette suppose de très faibles densités de population et la possibilité de se déplacer en permanence sur d'immenses territoires. Avec le brûlis, il faut des réserves foncières considérables puisque vous comptez sur le temps et la jachère pour reconstituer passivement la fertilité d'un sol. Quand l'agriculture est productive, elle parvient au contraire à alimenter durablement des densités de population élevées sans recourir à la jachère.

Ceux qui prétendent que les sols de l'agriculture moderne sont morts n'ont pas passé suffisamment de temps avec un agriculteur : avoir des sols morts serait totalement contraire à la nécessité de maintenir la fertilité et la productivité de son exploitation. On les entretient par des rotations intelligentes, des fertilisants à base d'engrais verts, le recours à la fumure organique quand on est en bio. Et si nous décidons de végétaliser notre alimentation, comme le souhaitent les mouvements antiviandes, il faudra renforcer encore plus le rôle des grandes cultures, mais il n'est pas certain que la planète se porte mieux du bannissement de l'élevage, puisqu'il faudrait alors bannir les engrais organiques, ce qui compliquerait considérablement l'agriculture biologique.

L'erreur de l'empreinte écologique

Les sous-nutris restent les pauvres, qui ne peuvent acheter ni intrants ni nourriture et ne produisent pas assez, enfermés dans des systèmes où la pénibilité, la grande vulnérabilité aux aléas climatiques et le manque de moyens techniques les piègent dans la précarité. Mais des indicateurs comme l'empreinte écologique sous-estiment la capacité des civilisations à inventer des systèmes résilients et régénératifs. « Nous succombons sous le poids des riches, avides de ressources non renouvelables, et si chaque être humain vivait comme un Américain, la planète ne suffirait pas. » Jour du dépassement, capacité de charge dépassée… Qui n'a pas entendu ces cris d'alerte ? La question de l'empreinte écologique est devenue centrale. Pourtant, elle ne vaut rien. C'est un système comptable inventé au début des années 1990, postulant que la quantité de ressources biologiques utilisée pour assouvir les besoins de l'humanité est directement liée à la quantité de surfaces bioproductives nécessaires pour régénérer les ressources et assimiler les déchets. Mais le calcul de l'empreinte écologique est ainsi fait que, dès que le niveau de vie d'une population et le nombre des hommes augmentent, elle se dégrade : la nature succomberait mécaniquement sous le nombre des hommes !

L'empreinte écologique, qui renvoie à la notion de capacité de charge, sous-estime ainsi le progrès agronomique et la possibilité d'améliorer la captation de carbone des sols. Chaque territoire y est affecté d'un coefficient de « biocapacité », calculé en hectare global par hectare, qui consiste à multiplier les surfaces disponibles, mesurées en hectares, par un facteur d'équivalence évalué en hectare global par hectare. Ce mode de calcul reprend les mêmes erreurs méthodologiques que celles du pasteur Malthus, quand il écrivait dans son *Essai sur le principe de population* de 1798 que les ressources alimentaires allaient manquer face au croît démographique : « au banquet de la terre, les pauvres ne peuvent avoir leur place. » L'humanité comptait alors 1 milliard d'hommes et crevait massivement de faim : le bon pasteur n'avait pas anticipé les révolutions vertes, pas plus que l'empreinte écologique ne prend en compte la transition écologique de l'agriculture d'aujourd'hui. Alors que la planète reverdit, parce que les pôles se réchauffent et que la végétation y repousse, alors que des programmes de reboisement sont menés partout, l'empreinte écologique continue de se dégrader, car c'est en réalité l'antihumanisme et la détestation de l'agriculture moderne, qualifiée d'industrielle, qui sous-tendent sa philosophie. Celui qui se déplace autrement qu'à pied ou à vélo, qui mange de la viande ou n'achète pas bio est, pour les concepteurs du *foodprint*, un destructeur de planète !

Il faut donc en finir avec Malthus, qui acceptait la pauvreté et la disparition des plus démunis. Dans son livre paru en 1970, *Évolution agraire et pression démographique*, l'économiste danoise Ester Boserup montre que l'accroissement des densités de population suscite au contraire des innovations, l'adoption de techniques pour valoriser la terre et lui permettre de donner plus, sans que cette intensification ne se traduise mécaniquement par une destruction et un appauvrissement. Au contraire. Sinon nous n'aurions jamais pu faire face au doublement de la population mondiale avec des disponibilités alimentaires accrues de 30 % par personne depuis la fin des années 1960 !

À la fin de l'été 2019, en raison des feux en Amazonie, le monde entier découvre et dénonce les systèmes d'agriculture sur brûlis, responsables, dans les régions tropicales, de milliers d'incendies, qui s'étendent à cause d'une année particulièrement sèche. On oublie que dans ces régions très pauvres, les techniques de production sont fondées sur la consommation effrénée d'espace, en comptant sur de longues jachères pour régénérer « naturellement » les sols. Justement ce que les systèmes d'agriculture moderne se refusent à faire, pour pouvoir économiser les terres et nourrir les hommes, même quand leur nombre s'accroît.

Entre 1950 et 2010, la production agricole mondiale a été multipliée par 3,5, mais les terres cultivées n'ont augmenté que de 13 % ! Maïsiculture, riziculture, légumineuses, vergers, prairies… fournissent des quantités très importantes de nourriture sans épuiser les sols, permettant d'assurer la nourriture de populations bien plus nombreuses que l'essartage et le nomadisme d'hier, qui supposaient de vastes disponibilités foncières et de très faibles densités de population. Certes, pas grand-chose ne pousse sans eau, et quand on veut moderniser un système de production, il faut assurer la régularité des apports hydriques et la bonne gestion de l'irrigation et du drainage, mais anticiper le changement climatique, c'est précisément stocker l'eau quand elle se déverse du ciel, pour en disposer pendant les mois de sécheresse.

Ou bien choisir de bonnes plantes, ce qui demande de la recherche transposable à grande échelle.

Certes, l'humanité occupe la terre. Et plus elle s'accroît, plus elle étend son emprise. Cela ne veut pas dire pour autant qu'elle est vouée à l'épuiser et à la détruire. D'autant qu'il n'y a pas une course infinie entre la population et les ressources, comme le croyait Malthus. La première va se stabiliser puis décroître avant 2100. L'humanité vieillit de façon accélérée et il faudrait parler, comme le fait le géographe Gérard-François Dumont, d'« implosion » démographique plutôt que d'explosion démographique.

Quant aux ressources, elles ne constituent pas un stock qui s'amenuiserait inexorablement au fur et à mesure de l'accroissement et de l'enrichissement de la population mondiale, comme un gâteau qu'on partagerait en un certain nombre de tranches de plus en plus fines, mais un *flux* inépuisable, que l'innovation et l'intelligence permettent de renouveler en permanence.

Sauf qu'il faut pour cela rester confiant en l'avenir, ne pas détester les hommes, construire des systèmes agronomiques écologiquement durables et résilients, mais aussi productifs, rémunérateurs et viables pour ceux qui nourrissent le monde.

Ne jamais oublier les paysans

Quand 3 % seulement de la terre est cultivée, on n'a pas droit à l'erreur. Des erreurs, on en a beaucoup commis dans le passé, quand nous pensions que la terre disponible, que les ressources en eau étaient illimitées et que nous pouvions en abuser, saccager les forêts et épuiser les nappes profondes sans nous poser la question de l'avenir. Un tiers des terres émergées du monde souffre d'écosystèmes dégradés, 2 milliards de personnes vivent dans ces territoires soumis à l'érosion. Reverdir les zones touchées par l'aridité, c'est permettre de limiter le nombre de migrants climatiques. Et lutter contre la dégradation des écosystèmes en améliorant la photosynthèse. Aucun pays ne reste immobile. Pour en finir avec les terribles tempêtes de sable, la Chine a lancé le plus grand programme de reboisement au monde : le quart de son territoire porte désormais des forêts ! L'Inde lui emboîte le pas.

Vue de l'espace, la planète bleue reverdit ainsi, non seulement en raison du changement climatique aux hautes latitudes, mais aussi partout où l'humanité replante, pas seulement des forêts, mais des vergers, des prairies, des haies, des vignes, des légumineuses, du maïs, cette plante fabuleuse pour l'intensification écologique. Empêcher la disparition de sa couverture végétale, particulièrement aux basses latitudes, est un défi qui peut donc être relevé. Le Sahel reverdit. Les paysans s'allient pour sauver leurs terres. Enclencher la modernisation rurale métamorphose les paysages et crée de la prospérité.

En Afrique, les terres restent mal utilisées alors que 700 millions de personnes vivent toujours dans les campagnes, et que le continent importe massivement pour nourrir ses villes. On peut traiter la question agricole sous l'angle économique, confier les terres à des investisseurs, produire beaucoup. Mais la question paysanne ne peut pas être négligée, car la pauvreté et la faim engendrent les conflits, qui aggravent la pauvreté et la faim, suscitent l'exode rural, l'accumulation des oubliés dans les bidonvilles. Nous avons besoin de paysans africains soutenus et confiants dans l'avenir.

Pour moderniser l'agriculture et susciter la prospérité dans les campagnes, la recette est connue. D'abord, l'État doit avoir la volonté d'investir dans l'agriculture familiale paysanne, ce qui suppose des programmes de distribution subventionnée d'intrants efficaces et accessibles (semences, fertilisants, produits phytosanitaires), mais aussi une formation en milieu rural, pour bien utiliser ces intrants, sous peine de gaspillages, de pollutions, d'empoisonnements. Il faut aussi mettre en place des infrastructures permettant une gestion durable de l'eau (irrigation, drainage, lutte contre la salinité) et des sols : diguettes antiérosives, replantation d'arbres, de haies, billons, zaïs, édifier des haies, des barrières et des enclos pour empêcher les bêtes, sauvages et domestiques, de saccager les cultures villageoises. Éléphants, hippopotames, gnous deviennent des fléaux quand les villages se trouvent en lisière de zones protégées, où les autorités leur dénient en outre l'accès à leurs terres de chasse, de parcours, de cueillette et de cultures.

Il faut enfin construire des silos et des bâtiments pour stocker les récoltes : les pertes liées aux bioagresseurs sont considérables quand le stockage reste celui des greniers paysans, qu'assaillent les insectes, les rongeurs, les moisissures. Mais tout cela ne sert à rien sans filières de commercialisation rémunératrices : pour produire, pour investir, le paysan doit avoir l'assurance de vendre. Il lui faut des coopératives, des groupements de producteurs, des partenaires soucieux de commerce équitable.

Partout, le paysan doit avoir l'assurance de bénéficier

des fruits de son travail, savoir qu'il va pouvoir tirer de sa récolte des prix qui justifient son effort, l'achat de semences, de produits de traitement, d'eau pour irriguer, de machines pour soulager son travail. Coopératives, groupements de producteurs, syndicats paysans sont essentiels : partout un paysan isolé est un paysan spolié. En Afrique comme en France, les CUMA (coopératives d'utilisation de matériel agricole) permettent de mutualiser le travail, de passer des bras aux tracteurs, aux pulvérisateurs et aux moissonneuses, améliorant la productivité et diminuant la pénibilité.

Mais tout cela ne réussit que s'il existe un gouvernement conscient de la nécessité d'investir dans l'agriculture, de protéger la paysannerie familiale, un gouvernement soutenu par une coopération internationale forte, dont l'argent ne soit pas détourné. Développer un pays ou au contraire le faire basculer dans la faim (Venezuela, Cuba, Haïti, Zimbabwe, Syrie, Yémen, Soudan…) est très rapide. Partout, les choix politiques sont déterminants.

Il n'est nulle fatalité au surpeuplement, qui est lié à l'inadéquation des techniques utilisées pour valoriser les terres. On peut être surpeuplé avec 10 habitants au km^2 en économie de cueillette, et se nourrir parfaitement avec 1 000, en riziculture, en agroécologie, en agroforesterie… Diversifier les productions, les transformer sur place pour créer de l'emploi et de la valeur, respecter ses paysans, mais aussi savoir attirer des investisseurs, contractualiser la production, être capable d'approvisionner soi-même ses villes, voilà ce qui révolutionne un pays, le fait passer de la faim à la prospérité. Et protège la terre !

Quand les conditions sont réunies, il suffit de quelques années pour que les campagnes se métamorphosent :

création d'emplois dans l'agriculture, en amont et en aval, hausse du niveau de vie, réduction du nombre d'enfants, retour des migrants. Des pays hier affamés et ravagés par la pauvreté et les conflits reverdissent et voient leur environnement s'améliorer, tandis que la malnutrition diminue rapidement, comme le Rwanda, le Ghana, l'Éthiopie. Ou hors d'Afrique, l'Équateur, le Pérou, la République dominicaine… Même au Bangladesh, longtemps considéré comme « indéveloppable », avec ses 170 millions d'hommes sur une éponge, la pauvreté extrême et la faim ont été divisées par deux en deux décennies. Bien sûr, 15 % de la population est encore sous-alimentée, mais c'était 30 % en 2000 !

Partout où on leur donne les moyens, les paysans sont en train de sauver le monde. Partout on reboise, non seulement pour lutter contre les tempêtes de sable, la destruction des sols, l'accélération du changement climatique, mais aussi parce que c'est de toute façon un bon calcul : à l'heure des COP et des fonds verts, miser sur l'écologie permet de capter ces financements environnementaux qui conditionnent désormais une partie croissante de l'aide internationale.

La Grande Muraille verte

Ainsi, de Dakar à Djibouti, la Grande Muraille verte, programme de l'Union africaine destiné à lutter contre l'avancée du désert, s'est donné pour but depuis 2005 de restaurer 100 millions d'hectares de terres déboisées ou dégradées aux confins du Sahel. Au nord du Sénégal, où les programmes sont très avancés, elle met en place des plantations d'arbres utiles, revivifiant les pratiques anciennes des sociétés agraires qui, par une sélection rigoureuse, ont toujours transformé la steppe sahélienne en un « parc », selon la formule du géographe Paul Pélissier, avec une couverture végétale et des arbres utiles.

L'atténuation du changement climatique par la limitation des émissions liées à la déforestation prend ici tout son sens : un Sahel vert est un Sahel moins torride, puisque la végétation diminue l'albédo et entretient l'humidité. Les espèces végétales sont choisies avec soin pour leur adaptation au milieu et les services alimentaires, pharmaceutiques, écologiques qu'elles rendent, fournissant du fourrage pour les troupeaux, du bois de feu et d'œuvre pour les maisons, greniers, enclos et palissades destinés à protéger les plantations villageoises des incursions animales. L'arbre phare de la GMV est le filao, l'« arbre de fer », originaire d'Australie, qui fixe l'azote dans le sol et recolonise les milieux appauvris, en favorisant la symbiose mycorhizienne entre les plantes et des champignons qui les nourrissent.

Baobabs, palmiers, nérés, karités, et surtout acacias, ces arbres qui conservent leur feuillage en saison sèche, fixent l'azote dans le sol, nourrissent les troupeaux. Comme le filao, l'acacia est l'arbre miracle ! On en extrait l'or végétal du Sahel, la gomme arabique, de plus en plus recherchée à l'heure du bio et du naturel, ce qui fournit des ressources précieuses aux familles et aux États. L'Agence de la Grande Muraille verte met aussi en place des jardins familiaux gérés par les femmes, leur permettant de dégager des revenus autonomes, et tente de retenir les jeunes par des programmes de création de revenus, au lieu d'alimenter l'exode rural.

Pour assurer la transition écologique, de bonnes semences

Il ne s'agit plus de reproduire à l'identique les révolutions vertes d'hier, qui avaient permis de vaincre la faim de l'humanité certes, mais au prix d'une intensification excessive des modes de production. En Inde, la trilogie variétés hybrides à haut rendement/engrais et pesticides/irrigation a permis d'éliminer la famine, mais elle s'est peu préoccupée de la malnutrition et de l'environnement. Les inégalités se sont creusées entre les paysans qui avaient les moyens de s'engager dans la modernité et ceux qui restaient en arrière, et constituent aujourd'hui les gros bataillons de la faim et des suicides liés à l'endettement.

Certes, les révolutions vertes ne sont terminées ni en Afrique ni en Asie du Sud. Il faut continuer d'accroître la production agricole car il y subsiste un problème crucial de disponibilités alimentaires et de pauvreté. Mais elles doivent être désormais écologiquement et socialement durables. Doublement verte, écologiquement intensive… climato-intelligente résume la FAO. Mais le premier savoir du paysan n'est-il pas précisément d'être climato-intelligent, ne serait-ce que pour préserver son outil de travail, qui constitue toute sa richesse ? Ce sont les moyens qui manquent, pas l'ingéniosité.

Ainsi, l'accès à de bonnes semences demeure, partout, un impératif crucial, plus important que jamais avec le changement climatique, qui accentue l'irrégularité des précipitations et les épisodes de sécheresse prolongée. Le droit immémorial du paysan à ressemer ne doit pas s'exercer à son détriment. Il faut de longues années de sélection variétale pour améliorer les performances des plantes cultivées, c'est toute l'histoire de l'humanité. L'apparition des hybrides au XXe siècle a permis de tripler en quelques années les rendements céréaliers, faisant mentir Malthus.

Le maïs, dont la production se diffuse très rapidement dans le monde entier, en est sans doute l'exemple le plus marquant : cette plante dite monoïque (elle porte à la fois des panicules mâles et des fleurs femelles et possède donc le pouvoir de s'autoféconder) n'est jamais plus performante que lorsqu'elle bénéficie de ce qu'on appelle la vigueur hybride. En France, le maïs dit population d'hier, fondé sur des semences paysannes traditionnelles, avait un rendement moyen de 1,6 tonne, contre 10 tonnes pour un hybride. Certes, il était plus résistant, plus diversifié, et il continue d'ailleurs d'être cultivé dans les Pyrénées, par des paysans attachés aux variétés anciennes.

Grâce à la biodiversité génétique du maïs, les sélectionneurs ont pu créer de nouvelles variétés qui répondent aux défis du changement climatique : résistance aux maladies, tolérance à la sécheresse, capacité d'esquive (stress hydrique moindre grâce à des semis précoces)… Le catalogue semencier français compte près de 2 000 variétés ! La France est le premier pays exportateur de semences de maïs au monde. Beaucoup d'étudiants travaillent ainsi l'été à la castration du maïs – on enlève les panicules des plants femelles, qui bénéficient ainsi d'une pollinisation par des plants mâles, ces derniers étant broyés après qu'ils ont exécuté leur mission.

Les fabricants de semences, qui ne sont pas seulement des multinationales, mais aussi des entreprises familiales, veillent à conserver les variétés anciennes,

variétés paysannes, dite population. Certaines structures se vantent même de vendre des semences qui ne sont pas inscrites au catalogue officiel, y voyant un acte de résistance anticapitaliste. Mais ces semences différentes sont tout aussi coûteuses, ce qui réserve leur usage à de petites exploitations ou à des actes militants. Et si les rendements sont faibles et les résultats aléatoires, le coût final se révèle en définitive bien plus élevé. Les producteurs de semences officielles reprochent aux structures alternatives de pratiquer parfois le vol et la contrefaçon, en commercialisant des semences dites paysannes qui ont été réalisées à partir de leurs catalogues. Plusieurs procès ont eu lieu et considérer uniquement les résistants comme de courageux frondeurs attaqués par de méchantes firmes serait très partial.

Le problème des semences, de leur qualité, de leur vol, des contrefaçons et des mauvais résultats se retrouve dans tous les pays du monde. Beaucoup de paysans pauvres préfèrent ainsi minimiser les risques en semant de nombreuses variétés, espérant ainsi récolter quelque chose quoi qu'il arrive, plutôt que de maximiser les rendements. Mais il faut des rendements élevés, non seulement pour nourrir les villes, mais aussi simplement pour gagner sa vie. Les petits paysans qui passent plus d'un mois avec leurs familles pour défricher à grand-peine leurs quelques hectares et ne récoltent qu'une seule tonne de céréales à l'hectare ont beaucoup plus de mal à s'en sortir que ceux qui peuvent semer 300 hectares, seuls avec un tracteur, et récolter 7 tonnes de blé par hectare ! Il faut aider les premiers à se moderniser et les protéger de la concurrence internationale, mais ce sont les seconds qui nourrissent les villes et les zones déficitaires.

Le génie génétique, une nécessité

Partout, des institutions de recherche travaillent à l'élaboration de nouvelles variétés. Pour faire face aux contraintes du changement climatique, des variétés hâtives ou précoces autorisent deux, voire trois récoltes par an sur le même champ. Le génie génétique permet de gagner du temps face aux défis à relever.

La méthode dite des ciseaux moléculaires du CRISP-Cas9, révolutionnaire technique d'édition du génome, dite NBT (New Breeding Technology, ou nouvelles techniques de mutagénèse), que nous devons à deux jeunes généticiennes nobélisables, la Française Emmanuelle Charpentier et l'Américaine Jennifer Doudna, rend désormais possible de sélectionner rapidement un gène utile pour faire face à la salinisation, à la sécheresse ou à un bioagresseur spécifique.

Le séquençage des génomes des différentes plantes cultivées, qui progresse rapidement (mais nécessite des investissements considérables), permet de trouver des réponses rapides aux défis à relever. Problème : cette mutagénèse, qui ne fait que reproduire un processus sans cesse à l'œuvre dans la nature, est interdite en Europe, alors même que le milieu scientifique et les agriculteurs demandent que soit accessible cette biotechnologie de précision, indispensable pour permettre à l'agriculture de s'adapter.

Peut-on à la fois interdire les procédés qui permettent

de mettre au point des variétés plus adaptées au changement climatique et promouvoir la transition agroécologique ? Interdire les variétés résistantes à des bioagresseurs qui prolifèrent, et interdire les produits de traitement qui permettraient d'en venir à bout ? C'est tout le dilemme de l'agriculture européenne, dont les acteurs économiques, dans tous les domaines, doivent tenir compte d'une législation environnementale de plus en plus contraignante, et souvent incohérente.

Aujourd'hui, le monde entier investit dans le génie génétique pour faire face aux défis environnementaux, à commencer par les émergents, comme la Chine et l'Inde. Les plantes génétiquement modifiées occupent désormais dans 26 pays, dont 21 en développement, 15 % des terres cultivées (près de 200 millions d'hectares), majoritairement par de petits paysans. Le soja arrive en tête avec la moitié des cultures (près de 100 millions d'hectares), suivi par le maïs (60), le coton (25), le colza (10).

En Afrique tropicale, cultiver du coton Bt, pour les paysans burkinabés, c'est diviser les traitements par 4, donc limiter la pénibilité, les coûts et la dangerosité de l'utilisation des produits phyosanitaires (le coton est une des plantes les plus sensibles aux parasites qui soient). Les premiers cotons ont déçu les firmes de transformation car leurs fibres étaient trop courtes par rapport à la demande du marché. Mais le Burkina réoriente aujourd'hui les variétés, et, tout compte fait, mise sur le coton génétiquement modifié, comme la Chine, où il s'est généralisé depuis 2012. D'autres géants, sur le continent africain, misent désormais sur le coton transgénique : Nigeria, Afrique du Sud, Éthiopie et, plus récemment, Kenya.

L'hypocrisie

Le Bt, *Bacillus thuringiensis*, est une bactérie insecticide très répandue dans la nature, dont on a identifié l'existence depuis un siècle. Il fut l'un des chevaux de bataille des ONG anti-OGM, comme Greenpeace, lorsqu'il fut introduit dans le maïs Bt, pour lutter notamment contre la chenille de la pyrale. Les activistes en firent le pilier de leur mobilisation, fondée sur un déchaînement de haine et de terreur. Souvenez-vous, les têtes de mort, les champs dévastés, les scaphandriers jaunes des jeunes, persuadés de mener le plus noble et le plus nécessaire des combats !

Puis la pyrale du buis fit son apparition dans la nature et se mit à dévaster les plus beaux paysages patrimoniaux de France, les labyrinthes des châteaux, les forêts centenaires de la Drôme, les topiaires achetées à grands frais par des particuliers. Aujourd'hui, le Bt est massivement présent en jardinerie sous de multiples formulations, et le mot d'ordre, face à l'infestation, est de recourir à ce moyen, présenté comme le plus écologique pour lutter contre le redoutable papillon blanc et noir, qui forme l'été des nuages compacts et emmaillote chaque arbre d'un cocon gluant farci de chenilles gloutonnes. Maintenant que la plupart des buis sont morts et livrés à l'incendie, que les forêts centenaires sont momifiées, la question est de savoir à quoi va s'attaquer la pyrale. Mais il n'y aura jamais de procès en irresponsabilité criminelle contre les ignorants qui ont choisi le mauvais combat.

En Europe, les agriculteurs espagnols et portugais, qui ont le droit de cultiver du maïs Bt, résistant à la pyrale et à la sésamie, aussi dramatique pour les cultures, ont utilisé moins d'insecticides (40 % de réduction) et moins de fuel (600 000 litres) que ceux des autres pays qui étaient légalement obligés de s'en passer. Ils ont donc, logiquement, rejeté moins de CO_2 dans l'atmosphère. Économie, gain de temps, grains de meilleure qualité, moins de pulvérisations, et moins de contaminations aux mycotoxines… le bilan ne se discute ni pour la planète ni pour le cultivateur !

Mais l'Europe continue de camper dans son opposition de principe, particulièrement illogique puisqu'elle importe massivement du soja OGM pour nourrir son bétail, que les OGM sont déjà très largement présents, dans les levures notamment, utilisées pour la boulangerie, le chocolat, le saucisson. Et pour la plupart, les Européens ne connaissent de ces plantes que les accusations portées à leur encontre par des ONG qui vivent de ce combat…

En 2016, 107 prix Nobel appellent Greenpeace à cesser sa croisade contre le « riz doré », un riz enrichi en caroténoïdes (vitamine A), issu de la recherche génétique de la firme suisse Syngenta et mis dans le domaine public. La carence en vitamine A expose des millions d'enfants à la cécité. Comment oser s'opposer à la diffusion de cet aliment enrichi, écrivent les Nobel, alors que le riz nourrit 3 milliards de personnes dans le monde ?

Les aliments issus de la recherche génétique n'ont en réalité jamais empoisonné personne, sauf dans des recherches bidon massivement médiatisées, comme, en 2012, celle des rats présentant des tumeurs monstrueuses après avoir été gavés de maïs tolérant à l'herbicide Roundup (du glyphosate). Indignation générale. Depuis, l'Europe a dépensé 12 millions d'euros pour reproduire l'expérience de façon scientifique, et pouvoir démontrer à quel point cette recherche avait été biaisée et ne reposait sur aucune vérité. Depuis, elle a été retirée des publications scientifiques. Mais le grand public, lui, n'a retenu que les rats. Comme toujours. Calomniez, créez le doute et la peur, il en restera toujours quelque chose…

Pourtant, sentant le vent tourner, les ONG anti-OGM ont aujourd'hui très largement reporté leur hostilité sur les « pesticides », avec les mêmes arguments de terreur et d'indignation, en reproduisant les mêmes arguments (mainmise du « grand capital », dépendance du courageux petit paysan qui s'empoisonne, firmes cyniques préoccupées uniquement par leur profit…). Voilà pourquoi ce livre leur consacre un peu plus loin un chapitre spécifique.

Alors les OGM ? Ils sont indispensables pour gagner du temps et réussir une agriculture de précision face à l'enjeu colossal de nourrir l'humanité en protégeant la planète. En agriculture biologique notamment, où l'agriculteur ne peut recourir à des produits phytosanitaires de synthèse, la variété de blé tendre Renan, très utilisée, a été génétiquement modifiée pour résister à différentes maladies ou bioagresseurs, rouilles, nématodes, piétin-verse, oïdium… Cultivé en France depuis 2015, le Tritordeum est une nouvelle céréale, née du croisement entre une espèce de blé dur et une espèce d'orge sauvage originaire d'Amérique du Sud

(Chili et Argentine) ; elle présente une résistance accrue aux maladies fongiques, tel l'oïdium, un fléau pour les cultures.

Alors ne soyons pas hypocrites ! Aller faucher les champs qui testent les nouvelles variétés, détruire les laboratoires qui les étudient, c'est agir contre l'intérêt de la biodiversité, alors que tant de virus, de bactéries, de prions s'en prennent non seulement aux plantes cultivées et aux animaux domestiques, mais aussi à des espèces sauvages, souvent sanctifiées, au détriment de la biodiversité fonctionnelle des paysages cultivés, qui n'a pourtant pas moins de valeur… et nous nourrit ! Aujourd'hui, le consensus anti-OGM s'effrite d'ailleurs au sein du milieu écologique, notamment chez les Verts allemands.

Le miracle de la semence

Croire que nous allons perdre l'infinie diversité du vivant relève du fantasme. La sélection variétale a toujours été le pilier de l'agriculture depuis le néolithique. Que la France soit le premier exportateur mondial de semences de maïs n'empêche pas l'existence de conservatoires de variétés anciennes dans les Pyrénées, comme d'ailleurs au Pérou et au Mexique, qui revendiquent chacun la paternité de la céréale des dieux, vénérée autant par les Incas que par les Mayas (dont le nom signifie « gens du maïs »).

Les vergers de pommes anciennes (6 000 variétés dans le monde !) entretenus par des passionnés, publics et privés, ne font pas de concurrence à la rose Pink Lady ou à la jaune Golden, mais ces variétés qui n'ont pas été retenues pour les impératifs d'une production et d'une commercialisation à grande échelle n'en possèdent pas moins des qualités spécifiques ; ils représentent des réservoirs de l'infinie diversité du vivant, indispensables pour faire face aux défis du changement climatique et de la mondialisation des virus, des bactéries, des insectes prédateurs, des moisissures toxiques.

Paysanne, population, hybride, issue du génie génétique, la semence est toujours le produit d'un patient travail humain de sélection. Les plus modernes sont des concentrés d'intelligence et de technologie, de véritables logiciels du vivant. Elles ne font que répondre aux défis de plus en plus complexes de la nécessité de continuer à nourrir le monde tout en protégeant la planète.

Sans bonnes plantes, donc sans bonnes semences, il ne peut y avoir de troisième révolution agricole.

4

Du productivisme à l'écologisme

La troisième révolution agricole est bien différente des deux précédentes, qui furent axées d'abord sur l'impératif d'augmenter la production.

Les deux premières révolutions agricoles

Aux XVIIIe et XIXe siècles, la première révolution agricole est née dans l'Europe anglo-saxonne de la transmission d'innovations apparues dans les Pays-Bas surpeuplés à une Angleterre disposant d'une bourgeoisie ambitieuse et innovante, et de vastes réserves de terres libérées par le mouvement des enclosures. Elle nous a permis de passer de l'agriculture fondée sur un épuisant travail humain, l'assolement triennal avec de longues jachères, de faibles rendements, une incertitude permanente, à une agriculture plus productive, recourant à la fois à une énergie animale mieux valorisée par le collier d'épaules, mais aussi très rapidement à la mécanisation, grâce à l'invention de la machine à vapeur par Watt, opérationnelle dès 1776.

Les innovations techniques et agronomiques, comme l'introduction des plantes fourragères qui permettent de supprimer la jachère en fertilisant les sols et l'arrivée des chemins de fer pour vendre sa nourriture plus vite et plus loin, ont augmenté les surplus agricoles et libéré des hommes et des capitaux, ouvrant la voie à la révolution industrielle. L'Europe pouvait enfin espérer en finir avec la faim qui avait marqué son histoire, au point qu'elle s'était déversée dans le reste du monde, envoyant 50 millions de personnes conquérir de nouvelles terres entre 1850 et 1914.

Les deux guerres mondiales et, entre elles, la dépression des années 1930 remettent pourtant la malnutrition et la dépendance alimentaire à l'ordre du jour, tandis que les famines continuent de ravager l'Afrique, la Chine, l'Inde… On oublie à quel point l'histoire humaine est indissociable de la faim. La deuxième révolution agricole se produit en Europe après la Seconde Guerre mondiale, grâce au plan Marshall et à l'aide américaine. L'arrivée des tracteurs dans les campagnes remplace le bon vieux cheval et nécessite le remembrement des finages épars et hétérogènes des villages, dont les parcelles sont trop petites et trop dispersées pour permettre l'utilisation rationnelle des machines.

Les semences hybrides venues des États-Unis et progressivement adaptées aux caractéristiques européennes (en France par l'INRA) révolutionnent les rendements. Les coopératives se développent, les banques soutiennent les projets de modernisation des exploitations, dans lesquelles les techniciens font leur entrée. Des filières agroalimentaires se constituent pour répondre aux besoins croissants des baby-boomers des

Trente Glorieuses. La France se spécialise en bassins de production.

Le paysan devient agriculteur, ses conditions de vie s'améliorent, notamment grâce à un très important programme d'équipement des campagnes, qui réduit l'écart entre les services disponibles en milieu urbain et en milieu rural : réseaux électriques, d'adduction d'eau potable, arrivée du téléphone, équipement des foyers en électroménager qui soulage le travail des femmes (ah ! la corvée de lessive...) et permet de conserver la nourriture non plus à la cave ou au grenier, mais dans le « frigidaire ».

C'est une période où la foi envers le progrès n'est pas discutée. Pour lutter contre les contaminations bactériologiques, les techniciens établissent des calendriers de traitements préventifs des cultures, appliqués sans état d'âme, par mesure de précaution. Les ruraux sont de bons petits soldats, acceptant de redresser les chemins et d'arracher les haies pour permettre le passage des machines.

Cette modernisation triomphante permet d'en finir avec la pénibilité. Elle n'est possible que grâce à l'appui des pouvoirs publics et à la création de la Politique agricole commune, qui soutiennent la transformation des campagnes en garantissant des prix rémunérateurs aux producteurs européens, tout en rendant le prix de la nourriture accessible aux consommateurs. La production agricole se standardise pour garantir la sécurité alimentaire et sanitaire, selon une vision plus quantitative que qualitative.

Les paysans devenus agriculteurs répondent si bien aux incitations qu'ils réussissent à lever le frein malthusien : alors même que la population s'accroît rapidement pendant les Trente Glorieuses, la peur de manquer disparaît. Les quantités produites explosent, baissant le prix de la nourriture dans les villes. Ce que le paysan perd en prix unitaire, il le gagne en jouant sur les quantités produites.

Grâce au pacte passé avec ses paysans, à la PAC, entrée en vigueur en 1962, l'Europe devient la deuxième puissance agricole mondiale. La France figure au premier rang, elle assure le cinquième de la production européenne. Dans les années 1970, elle en finit enfin avec l'insécurité alimentaire et devient autosuffisante en blé, longtemps importé d'Afrique du Nord (la région devenue aujourd'hui la plus dépendante alimentairement de la planète !).

Cette politique agricole volontariste fonctionne si bien qu'au tournant des années 1980 la surproduction fait s'effondrer les prix. Il faut mettre en place des quotas (ceux du lait, adoptés en 1984, ont pris fin en 2015), puis financer des jachères pour limiter la production. Détruire des montagnes de beurre, de lait, de fruits. Conquérir de nouveaux marchés dans le reste du monde, où la modernisation rurale ne s'est pas encore produite, alors que les villes explosent.

La prise de conscience écologique

La fin de la guerre froide en 1991 voit naître un espace mondial et l'apparition de nouveaux géants économiques, aux populations encore très pauvres, dont l'aspiration à consommer désormais comme les vieilles nations développées fait éclore de nouvelles inquiétudes, centrées sur la question environnementale : la planète pourra-t-elle supporter la demande croissante de l'humanité ?

Le premier sommet post-guerre froide des Nations unies, à Rio de Janeiro en juin 1992, accouche d'une déclaration sur les forêts et de trois conventions environnementales, sur le changement climatique, la biodiversité et la lutte contre la désertification. Tous les pays sont sommés d'adopter des régimes démocratiques et des politiques de développement durable, sous peine de ne plus être aidés : l'aide a perdu temporairement sa motivation stratégique car l'Occident est persuadé qu'il a remporté une victoire planétaire définitive contre le communisme et la dictature. Il essaie d'imposer au reste du monde ses propres valeurs, libéralisme, démocratie, droits de l'homme.

Pour l'agriculture, le grand credo du libéralisme sonne le glas progressif des protections que l'Union européenne avait mises en place pour protéger ses agriculteurs : c'est la fin des quotas, l'ouverture des marchés. Mais en se tournant vers l'Est, l'Europe intègre de nouveaux pays membres dont l'agriculture est bien différente, les coûts de production infiniment plus faibles. Pour les agriculteurs ouest-européens, le danger vient désormais autant de l'extérieur que de l'intérieur. Il se nomme concurrence économique d'une part, remise en question écologique d'autre part.

Avec l'ouverture de l'Inde en 1991, et surtout la montée en puissance de la Chine, véritable aspirateur mondial de ressources, l'écologie s'impose au premier plan de l'agenda mondial, portée par la naissance de grands réseaux d'information et de communication liés à l'apparition d'Internet. En lançant des campagnes planétaires, les ONG environnementales sortent de leur niche anglo-saxonne et deviennent de puissants agents de sensibilisation de l'opinion publique mondiale. Jouant sur l'émotion et l'indignation, elles réactivent des peurs anciennes quant au futur de l'humanité : la planète ne croule-t-elle pas sous le nombre de toutes ces bouches à nourrir, de plus en plus nombreuses, de plus en plus avides ? Comment la conserver en bon état pour les générations futures, alors que le développement économique des nations émergentes aboutit à une pression considérable sur les ressources, l'air, l'eau, les espaces naturels ?

L'agriculture intensive, moderne et productive, jugée prioritaire après la Seconde Guerre mondiale, au point de voir le Prix Nobel de la paix décerné en 1970 à l'agronome Norman Borlaug, père de la Révolution verte, est remise en question. Oubliant qu'ils lui doivent leur sécurité alimentaire, les consommateurs riches des pays riches se déchaînent contre ce mode de production, désormais qualifié d'industriel ou de « productiviste ».

À la faveur de la réorientation des financements, jusque-là affectés aux questions stratégiques, pour des programmes « verts », les ONG environnementales acquièrent une puissance de feu d'autant plus forte que les Nations unies relaient leurs cris d'alerte. Toutes les institutions internationales comprennent que les notions de justice climatique, de dette écologique sont beaucoup plus porteuses auprès des médias et des bailleurs de fonds que la lutte contre l'impérialisme et l'échange inégal, qui avait été leur fonds de commerce après la Seconde Guerre mondiale, pendant la décolonisation.

Émotion et catastrophisme envahissent le champ lexical, et les alertes se multiplient, certes fondées sur des inquiétudes justifiées : la pollution des eaux, des sols, de l'air, les atteintes à la biodiversité, l'homogénéisation des campagnes, la réduction des habitats naturels de certaines espèces. Tout ce qui va mal est mis en avant, le combat contre la pauvreté devient une lutte contre le changement climatique, rendu responsable de tous les maux des pauvres, et parfois même un combat contre les pauvres eux-mêmes, lorsqu'ils se voient évincés de leurs terres par les aires protégées toujours plus étendues.

Pour émouvoir et mobiliser les financements, il faut crier au désastre, la recette est connue. Les cris d'alarme sur l'épuisement inéluctable des ressources, dont on a vu déjà à quel point il était infondé, donnent matière à une guerre des technologies dites propres et des financements verts, qu'il s'agit de remporter au détriment de la concurrence. La lutte contre la faim passe au second plan.

De nouvelles attentes

C'est précisément parce que les agriculteurs ont relevé le défi de la sécurité alimentaire qu'ils ont cessé de compter : le pacte initial passé entre la société et le monde rural s'est rompu. Quand la peur de manquer, qui avait toujours tenaillé l'humanité, disparaît, les citadins oublient quels défis il a fallu relever pour se nourrir en toute sécurité. Tous les acquis passés – semences, traitements, rationalisation, mécanisation, modernisation –, toutes les solutions mises en place hier pour surmonter le drame de la faim sont remis en question.

Chauffé à blanc par l'émotion écologique, le citadin

aisé hait ce que les économistes qualifient d'externalités négatives de l'agriculture, des campagnes plus homogènes, puisque les exploitations se sont spécialisées par bassins de production au détriment des fermes en polycultures d'antan, produits standardisés, à qui on reproche de s'être homogénéisés et parfois affadis, en oubliant à quel point il faut désormais respecter des normes de plus en plus exigeantes, en termes d'aspect, de questions sanitaires, de calibrage, mettre sur le marché des produits qui puissent se conserver et se vendre toute l'année. Le consommateur veut du « naturel ».

La nature bénéficie aujourd'hui d'une vénération et d'un engouement sans limites, sans doute parce que nos modes de vie urbains, confortables et sûrs, nous en ont de plus en plus coupés. À l'image des peuples anciens, qui lui vouaient un culte empli de crainte, parce qu'ils dépendaient de ses bienfaits et subissaient sa violence, les sociétés d'aujourd'hui – emplies de terreur face au changement climatique, et à qui l'on dit chaque jour qu'elles se précipitent tout droit vers un inéluctable effondrement – sont tentées par un nouveau paganisme écologique, qui les conduit à sanctifier l'arbre, à craindre que Gaïa, la fameuse Pachamama, la terre mère, ne se venge d'avoir été bafouée.

Il est vrai que la modernité technicienne s'arroge le droit et le pouvoir de réécrire l'inscription de l'humanité sur la terre, d'essayer d'échapper au déterminisme de la maladie et de la mort précoce, jusqu'à rêver intelligence artificielle, dématérialisation et transhumanisme. Mais de tout temps, depuis que l'humanité existe, la technique, le progrès, la science ont suscité la peur. Il a toujours existé des philosophes mettant l'homme en garde contre les libertés qu'il prenait face aux lois divines. De la tour de Babel aux prêches de Mlle Greta, l'effroi fait recette. Aujourd'hui, le sacré a réinvesti la nature. Et plus notre niveau social est élevé, plus on aime la nature. Et plus on veut manger bio. Et naturel.

Transparence, traçabilité, authenticité deviennent les maîtres mots de l'alimentation : il faut de bons produits, qui aient une histoire, un enracinement géographique. La gastronomie acquiert ses lettres de noblesse, portée par des chefs cuisiniers adulés comme des stars. Contre le *fast-food* des chaînes de restauration rapide, dont on a oublié à quel point il a rendu possible le repas pris à l'extérieur du foyer, accessible à tous, le *slow-food* s'impose. Contre le plat industriel réchauffé au four à micro-ondes de celle ou celui qui travaille à l'extérieur et doit nourrir sa famille le soir, l'art de la cuisine à domicile est porté aux nues, présenté au mépris de la réalité comme moins cher, plus sain, et surtout pas du tout chronophage.

Le discours devient de plus en plus virulent. Contre l'uniformisation des pratiques alimentaires, le bon goût du terroir. Contre l'exploitation de l'animal, la réhabilitation du végétal. Il faut désormais une nourriture qui ait du « sens », qui soit « vraie ». La notion de temps passé, la question du prix payé, la facilité à se procurer et à préparer le repas sont des critères qui ne comptent plus : la cuisine est un art, un point c'est tout, creusant le fossé entre ceux qui ont du temps, ou de l'argent, et ceux qui doivent chaque jour parer au plus pressé.

Le végétal déchaîne un nouveau paganisme écologique. Les arbres suscitent une fascination croissante. Les forêts sont adulées, ceux qui les coupent conspués.

Les bûcherons et les forestiers vivent des jours difficiles. Toute forêt est perçue comme bénéfique, même lorsqu'il s'agit d'un recrû lié à la déprise rurale, des broussailles et des taillis que menace l'incendie. Pourtant, les forêts vieillissantes, qui jouent certes un rôle essentiel de régulation climatique, émettent aussi beaucoup de gaz à effet de serre. Seules les forêts jeunes, entretenues, absorbent avec efficience le dioxyde de carbone pour rejeter de l'oxygène, et en la matière, celles du monde tempéré sont plus utiles que celles du monde tropical.

Mais aujourd'hui, écologie signifie nature, qui signifie forêt « vierge », Éden à préserver dans sa globalité au nom de la biodiversité. L'Amazonie, qui est pourtant un recrû végétal lié au choc microbien et aux violences qui ont accompagné la conquête ibérique des « Grandes Découvertes », devient objet d'adulation, à la fureur des Brésiliens, dont elle occupe la moitié du territoire et qui en ont déjà classé la moitié, soit en réserves indiennes, soit en aires protégées.

Un paysage cultivé avec intelligence est pourtant bien plus efficace écologiquement, tout en nourrissant les hommes, qu'une nature abandonnée. Nos paysages sont d'abord et avant tout des héritages, patiemment façonnés par des siècles d'interventions humaines, changeantes au gré de priorités qui ne cessent d'évoluer. Sans l'intervention humaine, il n'y aurait ni forêt des Landes ou des Cévennes, ni le Marais poitevin, ni la Dombes, ni la Camargue « sauvage » de Crin-Blanc. Tous ces paysages magnifiques sont le pur produit de l'ingéniosité humaine, de la volonté de combattre par des aménagements la faim, les fièvres, la violence des éléments.

La montée des peurs

Certains sujets deviennent obsessionnels dans les médias et concentrent l'hostilité d'une opinion publique tisonnée par les campagnes de dénonciation angoissantes. Les produits chimiques de traitement des cultures, qualifiés de « pesticides » (à commencer par leur Voldemort – le glyphosate –, un mot que personne, sinon les spécialistes, ne connaissait cinq ans auparavant), deviennent l'ennemi à abattre. Les aliments issus de l'agriculture conventionnelle sont jugés « contaminés », par opposition à ceux issus du bio, parés de toutes les vertus. Avec des indicateurs qui comparent ce qui n'est pas comparable, car nous ne disposions pas dans les années 1960 des mêmes critères d'évaluation que ceux d'aujourd'hui, et sans tenir compte des paramètres essentiels que sont la fraîcheur, le moment de la cueillette, le temps passé sur l'étal, voire dans le réfrigérateur ou le compotier du consommateur, on prétend que les aliments d'hier étaient plus riches en nutriments que ceux d'aujourd'hui. Le « c'était mieux avant » toujours et partout.

Peurs de l'empoisonnement, des pollutions, de la pénurie d'eau, alors que le changement climatique semble raréfier inéluctablement la ressource, mises en garde et cris d'alarme incessants s'insinuent petit à petit dans tous les esprits, tandis que les réfutations scientifiques tenues par les agences spécialisées, qui relativisent les accusations, montrant à quel point elles sont excessives, voire non fondées, ne sont pas entendues, ou pas crues. Pourtant, les Européens figurent parmi les peuples du monde les mieux lotis sur le plan alimentaire, grâce à une réglementation draconienne qui leur garantit un niveau de sécurité sanitaire et de protection record. Mais, sans doute parce qu'ils sont les plus privilégiés, ce sont aussi les plus inquiets.

En France, devenue pourtant une puissance agricole de premier plan, la mobilisation citoyenne atteint de tels niveaux que le gouvernement se sent obligé d'en rajouter à des fins électorales, espérant ainsi conquérir l'électorat cultivé des villes, tenté par le vote écologiste. Transposant de façon plus draconienne encore la réglementation européenne, le gouvernement d'Emmanuel Macron veut ainsi être le premier grand pays producteur agricole du monde à bannir totalement l'utilisation du glyphosate, un herbicide jugé cancérogène, avant 2021. Trois quarts des molécules utilisées pour la protection des récoltes dans les années 1990 sont désormais interdites, alors même qu'elles restent autorisées dans les pays voisins, y compris en Europe, ce qui joue en défaveur des producteurs français, concurrencés par des importations jugées déloyales.

Un productivisme haï

Passé en quelques années du rôle de sauveur à celui d'empoisonneur et de pollueur, le monde agricole ne comprend pas et traverse une crise morale profonde. Le renversement incroyable des préoccupations de l'opinion publique le prend au dépourvu : la peur de manquer a laissé place à la suspicion permanente. Pas un jour où les agriculteurs ne soient mis en cause. L'agriculture moderne est perçue comme dénaturée, industrielle. « Productiviste », le mot honni. Une machine dans un champ suscite la colère, même lorsqu'il s'agit seulement de semer le blé. Ne parlons pas d'un pulvérisateur !

Pour préserver les abeilles, dont les causes d'effondrement sont pourtant multifactorielles (changement climatique, perte des habitats, sélection de variétés plus fragiles, varroa, frelon asiatique, voire maltraitance de la part d'apiculteurs novices qui affament involontairement leurs ruches…), les agriculteurs sont sommés de traiter leurs champs la nuit, les produits d'enrobage des semences interdits, tout comme les pulvérisations aériennes, qui permettaient de combattre rapidement les infestations. Et d'ailleurs, même le mot « traiter », perçu comme synonyme de toxique, est désormais banni. Les médicaments pour les humains, oui. Pour les plantes et les animaux, surtout pas.

Pour satisfaire les attentes de ses citoyens indignés, le gouvernement français mise sur l'agriculture biologique et l'agroécologie. Il entend donner l'exemple du verdissement au monde entier. Cette belle initiative cause des problèmes de mise en œuvre et de faisabilité concrète. Les agriculteurs sont confrontés à de véritables casse-tête dans leurs exploitations pour répondre à des injonctions contradictoires, telles que produire le plus naturel possible sans compromettre ni la récolte ni la santé du consommateur.

Les impasses techniques se multiplient, entraînant de sérieuses distorsions de concurrence. Ou l'abandon de cultures devenues trop compliquées, parce qu'on ne sait plus comment les protéger, comme le colza, l'abricot ou la cerise. La suspicion est sans limites. Même les agriculteurs biologiques se heurtent à l'opposition de leurs voisins quand ils veulent ouvrir un poulailler en plein air, soigner leurs plantes en utilisant un pulvérisateur (qui peut contenir de simples nutriments !), et même utiliser des chevaux, accusés d'attirer les mouches. Un profond découragement s'empare du monde agricole, déjà fragilisé par la libéralisation des marchés et la guerre des prix, qui font s'effondrer les revenus. Les plus démoralisés quittent la profession, voire se suicident. Les autres résistent et s'interrogent : que produire pour répondre aux attentes de leurs concitoyens ?

Pour tous ceux qui ont oublié la peur de manquer, la question n'est plus de savoir que manger, mais que ne pas manger. Les gâtés (gavés ?) s'inventent des interdits. La mode est au « sans ». Pas seulement au sans sel ou au sans sucre, mais au sans gluten, sans laitages, sans produits animaux, voire sans produits cuits, ou transformés. Régimes minceur, diète, « détox », et même jeûne – considéré comme salvateur par ceux qui n'ont pas enduré la terrible souffrance de la famine –, font recette. Au sein des nouvelles classes moyennes, la frange la plus fortunée paie de coûteux séminaires de reconnexion avec son corps et avec la nature pour expérimenter la pénurie et s'affamer.

L'alimentation est devenue un sujet de friction permanente. Les particularismes alimentaires de chacun tendent un peu plus l'atmosphère des repas familiaux. Les industriels de l'alimentation exploitent ces nouveaux marchés en segmentant de plus en plus leurs produits, proposant des aliments exotiques ou authentiques, forcément parés de toutes les vertus. L'orthorexie, c'est-à-dire le souhait obsessionnel de manger sain, gagne du terrain. Pour les urbains et les néoruraux aisés des pays d'abondance, l'évidence s'impose, martelée par des ONG environnementales qui reçoivent des financements publics et privés toujours plus élevés pour imposer au secteur productif leurs propres priorités. Leur discours simpliste – la nature souffre, l'homme est mauvais, et l'agriculteur encore pire – fait recette.

Une France dont l'agriculture souffre

De plus en plus nombreux sont les agriculteurs qui mettent la clé sous la porte. Dans la vieille Europe, le nombre des fermes s'effondre. La France, comme nombre de pays où la nourriture a cessé d'être stratégique, se « désagriculturalise » après s'être désindustrialisée, déléguant ainsi à d'autres pays le soin de la nourrir. Ce pays, qui était l'une des toutes premières nations exportatrices mondiales de nourriture, voit désormais sa balance commerciale alimentaire se dégrader chaque année. Comme si sa population ne faisait plus confiance à ses paysans et préférait importer sa nourriture, en provenance de pays qui sont pourtant bien loin d'appliquer les normes sociales et environnementales imposées au producteur français. Normes qui se multiplient et sont de plus en plus contraignantes, ce qui complexifie leur travail et le rend plus coûteux.

La France qui dit vouloir préserver ses forêts – elles recouvrent près du tiers de son territoire, recrû impressionnant lié à la déprise rurale – achète massivement du soja et du bœuf brésiliens qui contribuent à la déforestation tropicale en Amazonie, importe de l'huile de palme venue d'Asie du Sud-Est, où les plantations grignotent inexorablement la forêt, mais rend plus difficile sur son sol la culture du colza et du tournesol. Nourrit ses animaux d'élevage d'aliments génétiquement modifiés, dont la culture est interdite sur le sol national. Adopte en 2014 contre la Russie, première importatrice mondiale de produits alimentaires, mais coupable d'avoir annexé la Crimée, des sanctions qui pénalisent directement le producteur français. Avant de se réconcilier cinq ans plus tard avec le pays de Poutine, devenu entre-temps le premier exportateur mondial de blé. Les agriculteurs ont le sentiment que non seulement leur profession ne sert que de variable d'ajustement dans des politiques qui ne tiennent jamais compte de leurs intérêts, mais que les efforts qu'ils mettent en œuvre pour répondre aux attentes sociétales ne sont ni connus ni pris en compte. Les contraintes et normes aberrantes se multiplient.

Pourtant, selon le classement établi par l'hebdomadaire anglais *The Economist*, l'agriculture familiale française occupe, pour la troisième année consécutive, la première place au monde en termes de durabilité des systèmes alimentaires ! Elle reste en effet essentiellement familiale : les exploitations font 80 hectares en moyenne, même si leur taille ne cesse de s'agrandir à la faveur des départs non remplacés (plus de la moitié des agriculteurs dépassent les cinquante ans, la profession sera massivement renouvelée dans la prochaine décennie), le cheptel bovin est de 50 vaches en moyenne, des effectifs bien plus faibles qu'aux Pays-Bas, en Allemagne ou au Danemark. Avec 19 millions de têtes, le troupeau français reste pourtant le premier en volume de l'Union européenne. Mais les éleveurs se découragent. Et la France, qui se caractérise par une agriculture très variée, à la faveur de ses innombrables « pays », se céréalise. Mais ce n'est pas forcément meilleur pour l'agriculteur : peu de terroirs sont en mesure d'égaler les performances des grandes exploitations spécialisées en céréales, oléagineux, protéagineux des puissants bassins de production de la Beauce, de la Brie, de la Champagne ou du Nord. Chaque territoire s'est spécialisé en fonction de ses atouts : ceinture laitière de l'Ouest et du Nord, légumes et porcs de Bretagne, où le foncier manque, terres d'élevage bovin allaitant du Massif central, du Jura et des Vosges, exploitations en polyculture des zones défavorisées de moyenne montagne, dans les Pyrénées ou les Alpes, qui bénéficient d'aides spécifiques, comme l'indemnité compensatoire de handicaps naturels. Celles qu'on désigne sous l'acronyme ICHN représentent plus des deux tiers des aides dites du second pilier de la PAC, allouées au verdissement.

La diversité des productions de la ferme France, qui, avec 450 AOP, des labels rouges innombrables, détient le record mondial des signes de qualité, est mise à mal autant par les contestations de sa propre population que par la concurrence internationale, avec la montée en puissance du bassin céréalier dit de la mer Noire (Russie, Ukraine, Kazakhstan), des traités commerciaux comme celui du CETA avec l'Amérique du Nord, du Mercosur avec l'Amérique latine, où les conditions agricoles sont totalement différentes. Mais aussi par l'efficacité du modèle agro-industriel néerlandais, qui, malgré une SAU de 6 millions d'hectares seulement (28 en France), lui a ravi la seconde place qu'elle occupait dans les exportations mondiales en 1990. La France a rétrogradé au cinquième rang des exportateurs mondiaux en 2015, derrière les États-Unis, les Pays-Bas, le Brésil, l'Allemagne. Parallèlement, ses importations alimentaires ne cessent d'augmenter : un fruit et légume sur deux, une volaille sur trois, un porc sur quatre viennent désormais de l'étranger. Et le premier importateur mondial de blé, l'Égypte, s'adresse désormais à la Russie.

Perdre ses parts de marché extérieur et importer de plus en plus, ce n'est pas un modèle durable. Surtout quand on a eu la fierté d'être une des toutes premières agricultures mondiales, premier exportateur de vins de qualité et de pommes de terre, de semences, et de tant d'autres produits essentiels, sur 5 % de la SAU seulement !

5

La nécessité de conserver une agriculture compétitive

Tous les paysans du monde, qu'ils vivent dans les riches pays développés comme dans les campagnes pauvres de ce qu'on appelait naguère le tiers-monde, ont besoin de vendre pour dégager des moyens monétaires. Au Sahel, plus un seul foyer rural ne vit en autarcie. Partout, il faut pouvoir commercialiser sa récolte. Posséder un téléphone portable (les opérateurs vendent pour cela des cartes prépayées) permet de se renseigner sur les prix sans être à la merci des intermédiaires, de conserver des liens avec ceux qui sont partis en ville ou se sont exilés, de ne pas faire des trajets inutiles pour s'approvisionner. En Chine, l'e-commerce a permis à des millions de paysans de sortir de la pauvreté grâce aux villages taobao, une immense plate-forme de vente en ligne.

Des normes sanitaires impitoyables

Le prix fait office de juge de paix dans l'agriculture. Et quand il n'est pas au rendez-vous, c'est le drame, le surendettement, les suicides. Pas seulement en Inde, où 15 000 paysans se donnent la mort chaque année, mais aussi en France, quand les dettes s'accumulent, que la propriété, dans la famille depuis plusieurs générations, risque d'être saisie par le banquier. Tous les agriculteurs du monde vivent dans l'angoisse des prix qui s'effondrent, pour cause de surproduction, de débouchés qui se ferment brutalement, en raison d'une guerre ou d'un embargo, mais aussi de contaminations, réelles ou supposées. En France, l'affaire Lubrizol, cet incendie d'une usine de produits chimiques près de Rouen en octobre 2019, qui a rejeté dans l'atmosphère des fumées toxiques, a été un drame pour les maraîchers et les éleveurs, particulièrement tous ceux qui avaient choisi de produire en bio et en circuits courts. Leurs productions ont dû être jetées pendant plusieurs jours. Et plusieurs semaines après, de nombreux clients, inquiets pour leur santé, continuent de se détourner, puisque le militant s'efface toujours derrière le consommateur. Pour les producteurs locaux, la faillite se profile. L'État a promis d'indemniser, cela sera-t-il suffisant quand la confiance n'est plus au rendez-vous ?

À Rouen, les producteurs conventionnels s'en sont mieux sortis que les circuits alternatifs, car ils ne dépendent pas du bon vouloir d'acheteurs versatiles. Les coopératives qui vendent sur les marchés mondiaux peuvent continuer à garantir des revenus à leurs adhérents, même en cas de coup dur. Elles sont mieux armées que le petit producteur face à la volatilité des cours, et à la défiance, la concurrence et le protectionnisme, qui trouvent un champ d'expansion privilégiée dès qu'il s'agit des normes sanitaires de l'alimentation. En contrepartie, elles imposent à leurs producteurs le respect de critères très stricts de qualité, et un camion entier de céréales peut être refusé à l'entrée d'une coopérative parce qu'on y a trouvé un plant de datura, dont les effets alcaloïdes sont redoutables, pour les hommes comme pour le bétail.

Plus gros importateurs mondiaux de céréales, les pays du Maghreb sont tout aussi draconiens : le blé qu'ils achètent doit obéir à des cahiers des charges redoutables, en termes de taux de protéines, d'aptitude à la panification, de poids spécifique, de degré d'humidité… Un vraquier chargé à bloc peut être obligé de faire demi-tour sans pouvoir livrer sa marchandise dans un port d'Afrique du Nord, parce que d'indésirables insectes, même en quantité infime, ont été trouvés par les inspecteurs dans les soutes. Les États-Unis sont passés maîtres dans l'art de protéger leurs propres agriculteurs, sans le reconnaître, par le biais des normes sanitaires, contrôlées par des inspecteurs impitoyables. Mais la Chine n'a rien à leur envier, alors même qu'elle doit compter sur les marchés mondiaux pour nourrir sa population. C'est aussi un moyen de faire jouer la concurrence, de faire baisser les prix et de choisir ses partenaires.

Dépendre de la nature et des marchés

Voilà pourquoi l'agriculteur conventionnel n'a pas droit à l'erreur. Quand les prix sont trop bas ou les débouchés incertains, l'arboriculteur préfère laisser les pommes tomber au sol et se gâter dans le verger, plutôt que de payer cher la main-d'œuvre pour les ramasser et les transporter jusqu'à la station fruitière, en courant le risque de ne pas en tirer une rémunération suffisante. Il les broiera à l'automne pour nourrir le sol et devra tout recommencer, en faisant le gros dos pour tenir. Les étés de canicule, les pommes cuisent sur le pommier. Un épisode de grêle intense hache les grains de raisin prêts à être vendangés. La vie de paysan est ainsi faite d'espoirs et de frustrations, une montagne russe qui ne s'arrête jamais. Aucune autre profession ne dépend plus de la nature et des marchés. Comment ne pas comprendre que beaucoup jettent l'éponge et finissent par préférer le confort d'un travail salarié à l'incertitude permanente du métier ?

Sauf que nous avons besoin de nos paysans, et que nous en perdons chaque année un nombre croissant. Parce que la question de la rémunération est essentielle, et qu'elle n'est souvent pas au rendez-vous. Le paysan perçoit peu, longtemps après, et mal, sauf quand il est défendu par des coopératives ou des négociants, qui se battent pour ses intérêts et cherchent en permanence à retrouver de la valeur, en conquérant de nouveaux marchés et en améliorant la qualité.

En France, la loi dite EGALIM, adoptée en octobre 2018 pour favoriser une alimentation saine, durable et accessible à tous, devait permettre de payer les agriculteurs en fonction de leurs coûts de production. Pourtant elle a bénéficié d'abord à la grande distribution, comme le subodorait Michel-Édouard Leclerc. Les hypermarchés en ont profité pour renchérir le prix des fruits et légumes, notamment ceux issus de l'agriculture biologique, car c'est sur eux que la marge du distributeur est la plus élevée. La grande victime de cette réaffectation des marges est, comme l'a montré la crise des Gilets jaunes, le consommateur défavorisé, qui subit déjà au quotidien la hausse du coût de la vie (énergie, transports, logement, chauffage, dématérialisation qui oblige à posséder du matériel électronique…).

Des distorsions préjudiciables

Globalement, la France se caractérise toujours par une agriculture dynamique, entrepreneuriale, innovante, qui produit sous signe de qualité une nourriture que les pays émergents convoitent en raison de la rigueur de ses contrôles sanitaires. Ses industries agroalimentaires, particulièrement performantes, la placent en quatrième place mondiale, derrière États-Unis, Allemagne et Pays-Bas, et occupent le premier rang en France : 17 000 entreprises, qui pèsent plus de 400 000 emplois (autant que l'agriculture). Mais les quatre centrales d'achat de la grande distribution leur mènent la vie dure, imposent leurs prix en faisant peser la menace du déréférencement. Si les produits vendus portaient une double étiquette, le prix payé par la centrale d'achat, et le prix payé par le consommateur, ce dernier verrait que la culbute se produit souvent au dernier stade… au détriment du paysan et du transformateur.

Le secteur dans son ensemble souffre des conditions réglementaires, fiscales, sociétales françaises, qui le désavantagent, ce qui l'oblige à revoir en permanence son avantage comparatif, dans un marché mondial où la concurrence est rude. Dans l'agriculture, le salaire minimum français, grevé de lourdes charges sociales, est supérieur d'un tiers à celui du voisin allemand ! Et puis, même si la France est toujours le premier bénéficiaire de la PAC (408 milliards d'euros pour la période 2014-2020), avec 9 milliards d'euros par an (mais elle est aussi le premier producteur de l'Union européenne), les secteurs les plus compétitifs doivent composer avec l'évolution de ses fondamentaux depuis les années 2000. Composer avec la libéralisation des marchés, le verdissement des aides – notamment dites du second pilier, conditionnées à des politiques environnementales –, la compétition intra-européenne pour l'affectation des financements dans une Europe à vingt-sept, avec la montée en puissance de l'Europe centrale et orientale, aux coûts de main-d'œuvre ultra-compétitifs, mais aussi du Portugal et d'Espagne.

La France souffre de distorsions de concurrence qui ne facilitent pas la tâche à son secteur agricole et agroalimentaire. Résultat : son excédent commercial agroalimentaire a été divisé par 2 en cinq ans, et le pays ne détient plus aujourd'hui que 4,5 % des parts de marché mondial. Se profilent alors de gros risques liés au Brexit, la Grande-Bretagne important massivement sa nourriture de France, et notamment de Bretagne. Comment les Anglais se nourriront-ils s'ils quittent le grand marché européen ? Pour le consommateur, ce sera une hausse des prix et des approvisionnements plus incertains qui risquent de peser durement sur le budget des plus pauvres.

Nourrir les régions structurellement déficitaires

Le fait que la France dévisse en matière agricole sur les marchés mondiaux n'inquiète nullement les tenants d'une « autre » agriculture. Pour eux, la vocation de l'Hexagone n'est pas de nourrir le monde, mais de produire une alimentation saine et respectueuse des territoires, centrée sur le local, les circuits courts, la saisonnalité. Mais la réalité est plus complexe, pour trois raisons : d'abord, un quart des revenus du paysan français est lié à l'exportation ; ensuite, les grandes régions céréalières et d'élevage ont une vocation nourricière stratégique pour la sécurité alimentaire du pays et sa balance commerciale ; enfin être capable d'exporter, c'est aussi être en mesure de maintenir une agriculture compétitive et de qualité.

La situation géostratégique de la France exige qu'elle ne renonce pas à sa vocation exportatrice : à ses portes, se trouvent des régions structurellement déficitaires, Afrique du Nord et Proche et Moyen-Orient (ANMO), pour qui production française rime avec qualité et sécurité sanitaire, alors que, nous l'avons vu, leurs cahiers des charges sont de plus en plus exigeants. Ne comptant que 10 % des terres émergées de la planète (13 millions de km^2), dont 6 % seulement sont cultivées (84 millions d'hectares), souvent aux limites mêmes de leurs possibilités, l'ANMO cumule toutes les vulnérabilités : climat marqué par l'aridité, terres dégradées et insuffisamment irriguées – ou mal irriguées donc salinisées –, forte croissance démographique.

Sa population (500 millions de personnes) a été multipliée par 3,5 en cinquante ans, et elle est de plus en plus aisée et urbaine. Résultat : les achats alimentaires ont été multipliés par 6 depuis 1960, ceux de céréales par 15 ! Les pays du Maghreb ne représentent que 6 % de la population mondiale, mais 20 % des importations céréalières. Lorsque le prix de la nourriture flambe chez eux, comme en Afrique subsaharienne, l'Europe en paie directement le prix financier et politique par des migrations, face auxquelles elle se radicalise.

Ce n'est pas un hasard si le bio reste extrêmement minoritaire dans la filière céréalière française, avec moins de 4 % de la production. En bio, les rendements céréaliers chutent en moyenne d'un tiers (4,5 tonnes à l'hectare contre 7 en conventionnel) ; comment nourrir la France si le bio se généralisait ? Et l'Afrique du Nord, qui ne demande pas de bio ? Même si le Groupe Soufflet, qui assure le quart des exportations françaises de céréales, a ouvert un silo bio à Lozanne, dans le Rhône, pour être en mesure de répondre aux attentes des consommateurs, il faut maintenir une agriculture compétitive et de qualité. Agriculture conventionnelle veut d'abord dire agriculture puissante.

Le ventre de Paris

Certes, les circuits courts représentent un atout pour trouver de la valeur, créer du lien avec les consommateurs, reconnecter le producteur à son environnement, et éviter de dépendre des exigences toujours plus lourdes des quatre grandes centrales d'achat (Carrefour, Système U-Auchan, Leclerc, Casino-Intermarché), qui monopolisent la grande distribution en France.

Mais trois quarts des achats se font toujours dans les grandes surfaces. Si une grande région nourricière comme la Bretagne généralisait les circuits courts, elle n'utiliserait que 7 % de sa production. De quoi vivraient les agriculteurs ? Et le reste du pays, puisque la Bretagne nourrit un Français sur trois ? À l'inverse, si Paris ne se nourrissait qu'avec les circuits courts, les Franciliens mourraient de faim : seuls 6 % de la nourriture qu'ils consomment est produite en Île-de-France ! C'est la province qui nourrit sa capitale hypertrophiée. D'où la colère des Bretons et les manifestations de « Bonnets rouges », lorsqu'on a voulu leur imposer l'écotaxe, eux qui avaient mis des décennies à obtenir d'être enfin désenclavés par la création de grands axes routiers.

L'Île-de-France produit certes 240 000 tonnes de fruits et légumes, mais les Franciliens en consomment 2 millions ! Les quelque 350 AMAP (Associations pour le maintien d'une agriculture paysanne), si admirables et vertueuses soient-elles, en vendent… moins de 4 000 tonnes. Sans Rungis, le ventre de Paris se creuse. Les circuits courts ne peuvent jamais être exclusifs, autant pour les producteurs que pour les consommateurs. Et les filières urbaines courtes et de proximité sont confrontées au défi de la main-d'œuvre (qui ne doit pas reposer sur des militants ou des stagiaires pour être durable), de la complexité et de la technicité des productions. En milieu périurbain, où le foncier coûte cher, monter un projet agricole avec l'espoir de le rentabiliser demande de forts investissements, un accès coûteux à l'énergie, à l'eau et à l'électronique, des circuits de distribution impeccables, puisque c'est la logistique du dernier kilomètre qui se révèle la plus coûteuse.

Les épiceries Causses, lancées en 2017 par Alexis Roux de Bézieux, qui se revendique « épicier » après une carrière dans la finance, ont fondé leur concept sur une alimentation saine, authentique, de qualité et de proximité, en lien avec des producteurs (conventionnels et bio). Elles se sont inspirées du modèle du *slow-food*, ce mouvement italien lancé en 1986, en réaction contre la généralisation des *fast-foods*, et qui a depuis essaimé dans le monde entier. Mais pour qu'une épicerie fine puisse trouver sa clientèle, et même devenir un lieu de convivialité et de reconnexion avec l'origine de la nourriture – comme Causses, qui propose aussi de la restauration –, il faut pouvoir s'adresser à une clientèle aisée et motivée. Ce n'est pas un hasard si Alexis Roux de Bézieux a implanté ses magasins dans le cœur le plus branché de Paris, aux Halles et dans le Marais.

6

La vente directe et les circuits courts, oui… mais jusqu'où ?

Vendre ce qu'on produit soi-même, exalter la fierté du producteur, redonner à l'agriculture nationale ou locale sa légitimité et sa fierté, c'est un mouvement universel face à l'industrialisation mondiale de l'alimentation. Acheter local se révèle un critère déterminant quand les habitants sont fiers de leur pays et de leur histoire, comme en Corée du Sud, ou aux Émirats arabes unis. Les consommateurs sont prêts à payer plus cher quand ils savent que ce qu'ils achètent vient de chez eux.

Les supermarchés d'Abou Dhabi, qui vendent des produits en provenance du monde entier – pommes du Chili, raisins d'Afrique du Sud, viande de Turquie –, n'ont eu longtemps à proposer en matière de local que des dattes et du lait de chamelle. Ils se sont lancés dans des fermes autochtones, produisant des légumes bio, irrigués avec de l'eau de mer dessalée, puisque les Émirats sont le « désert des déserts », pour reprendre la formule de Wilfred Thesiger. Il n'y pleut presque jamais. Ces denrées valent une fortune mais elles sont un motif de fierté pour les Émiratis. Ils les perçoivent comme un pas vers leur souveraineté alimentaire (tout en investissant massivement dans de grandes exploitations agricoles au Soudan du Sud, la faim, dans le « pays des rivières », n'étant que la conséquence de la guerre).

Dans la plupart des pays, développés ou émergents, le fait pour un consommateur de savoir que ce qu'il mange a été produit chez lui, avec des contraintes draconiennes en matière de sécurité sanitaire et de respect de l'environnement, est un critère de choix majeur, pour lequel il accepte de payer plus cher. Revitaliser le local, miser sur les circuits courts, reconnecter le consommateur à son terroir, aux produits et aux traditions locales, c'est un mouvement de fond, porté par toutes les classes moyennes du monde, lasses d'une nourriture désaisonnalisée et sans âme. Il existe ainsi pour l'agriculture une possibilité de renouveau. Mais jusqu'où ?

La renaissance d'une agriculture de terroir

La France aime sa gastronomie. Le tourisme à la ferme s'envole. Chaque terroir revivifie son histoire et ses spécialités. Les exemples sont innombrables, tous remarquables d'inventivité et d'art de vivre.

Dans le sud du Massif central, en Aubrac, dans une de ces fermes de pierre noire aux toits d'ardoise que les éleveurs utilisaient durant l'estive, Le Buron du Couderc propose de l'aligot. Ce plat traditionnel de l'Aveyron, fait de pommes de terre, fromage de laguiole et crème, y est accompagné de viande issue de ces vaches aubrac aux yeux de velours et longues cornes, qui repeuplent les hauts plateaux.

En Lozère, à La Garde-Guérin, Le Comptoir de la Régordane est situé sur une draille millénaire, un ancien chemin qui reliait la Méditerranée au Puy-en-Velay à travers les Cévennes. Dans cette superbe bâtisse en bois de pays, au pied d'une tour de garde du XIIe siècle, se trouve une boutique de terroir, où les paysans se sont regroupés pour proposer de la restauration, fondée sur toutes les spécialités culinaires locales, avec des produits fermiers élaborés sur place : bières artisanales, plats à base de châtaigne, truites, miel de terroir... Les touristes déjeunent dans une atmosphère authentique, entourés de bijoux, de vêtements de laine, de plats en bois vendus par les artisans locaux.

Dans le Lot, la Métairie Haute de Marcilhac vend des sirops de fleurs cultivées autour de la ferme. Dans la Cabane-Café de Choranche, au cœur du parc naturel du Vercors, à flanc de montagne, les randonneurs trouvent des gîtes insolites et peuvent pique-niquer en dégustant les produits locaux. Dans la plaine de Versailles, Les Deux Gourmands de Crespières est une biscuiterie artisanale, on y trouve du miel issu des ruches de l'exploitation et des confiseries 100 % françaises et locales. En Normandie, dans l'Orne, La Monnerie, une distillerie magnifique à Cerisy-Belle-Étoile, créée il y a un siècle, revitalise les vergers anciens, et propose dans ses vieux chaix des cidres, des pommeaux, des paniers gourmands. Quant à la Fruitière, à Morzine, en Savoie, c'est une ancienne fromagerie artisanale d'altitude qui a repris vie en 1996. On y vend du reblochon, de l'abondance, des fromages en faisselle, des yaourts, des flans. Déguster fondue et raclette dans la vieille cave à fromages, c'est une expérience dépaysante, profondément enracinée dans la tradition des alpages, mais réinventée au goût du jour.

Partout l'agriculture se disneylandise pour attirer les touristes, elle met en valeur son histoire, les produits du terroir, l'authenticité, le local, le savoir-faire de sociétés agraires qui ont dû faire preuve d'ingéniosité pour valoriser ce dont elles disposaient localement. Cette nouvelle agriculture attire des jeunes qui ont envie de se lancer dans un projet personnel, de revitaliser des territoires ruraux, soit qu'ils reprennent et réinventent la ferme familiale, soit qu'ils viennent de grandes villes et souhaitent, après des études classiques, non agronomiques, réinventer la ruralité, faire vivre des villages en train de s'éteindre petit à petit, vidés par l'exode rural.

Débarquée un jour de Paris, Laura, 30 ans, est ainsi tombée amoureuse d'un village perché du Béarn, dans les Pyrénées-Atlantiques : Sauveterre, une cité médiévale éloignée de toutes les grandes villes. Elle a acheté une bâtisse en ruines, passé deux ans à la retaper, pour ouvrir un restaurant, La Légende, dont la réputation attire aujourd'hui des habitants d'Orthez et de Pau. Laura parvient aujourd'hui à faire vivre 5 salariés, et elle est très fière de composer des repas délicieux en ne s'approvisionnant qu'auprès de paysans locaux, dans un rayon maximum de 200 kilomètres, ce qui l'oblige à varier constamment ses menus en fonction de ce que l'on peut lui fournir. Dubitatifs au départ devant cette jeune femme parachutée dans leur contrée, les villageois ont été convaincus par son courage et son opiniâtreté, et participent pleinement aujourd'hui à la réussite de La Légende. Le restaurant est devenu peu à peu une institution régionale.

À Pralognan, en pleine Vanoise, Axel a voulu donner le nom de son grand-père à un lieu de restauration et d'hébergement convivial et festif, Pépé Gust', devenu « tendance ». Pépé Gust' est une référence à Pralognan : en 1937, Auguste Amiez fonde le premier bistro du village. Ce pionnier fait tout lui-même : bistrotier, coiffeur, fabricant de chaussures de ski alpin, loueur de skis et de peaux de phoques. Axel a voulu reprendre le flambeau.

Des modèles fragiles

En France comme dans toute l'Europe, de l'Autriche au Danemark, des Pouilles à la Finlande, où l'on réinvente le pays du Père Noël, des projets courageux naissent, portés par le vent de renouveau de l'agriculture, l'envie de redonner tout son sens au mot paysan. La vente directe et le circuit court sont une bonne façon de créer de la valeur, de revitaliser une campagne en train de se désertifier, surtout quand on produit dans un territoire propice par son image et son attrait touristique.

Pourtant, il faut rester très prudent quant à la durabilité de tels modèles, qui reposent d'abord sur l'enthousiasme et le dévouement de passionnés, prêts à travailler sans compter. Partout, lorsqu'on prend le temps de discuter avec ces nouveaux chefs d'entreprise, souvent jeunes, pleins d'ardeur, capables de construire des sites Internet en plusieurs langues pour valoriser leur terroir, ses produits, pouvoir mettre en scène un beau récit pour attirer une clientèle cosmopolite, ils vous expliquent, après le discours enthousiaste, combien la pérennité de leur projet leur tient à cœur et les inquiète. Comme le circuit court, la vente en ligne est précaire.

Malgré le succès de son restaurant, La Légende, Laura ne se rémunère toujours pas, après deux ans d'activité. Elle préfère faire vivre ses 5 salariés. Dans le Nord, près d'Arras, Ghislain, de la Cueillette de Bugnicourt, vend dans sa ferme plus de 30 variétés de fruits et légumes, des fleurs, des aromates. Il a également créé une mini-ferme et un labyrinthe de maïs géant. Alors que je m'extasie sur son exploitation, admirant les fleurs de courgette et les confitures maison, il m'explique que, quand il pleut, quasiment personne ne vient cueillir. Une grande partie de la récolte est gâchée, au prix d'un gaspillage considérable. Il ne peut même pas faire appel aux ONG pour donner sa récolte : elles n'ont pas les moyens de venir la cueillir. Ghislain a installé un distributeur automatique de produits frais pour rester disponible vingt-quatre heures sur vingt-quatre, c'est un investissement important pour lui. Et il vend aussi sa production par les circuits traditionnels. Sinon, il n'y arriverait pas. Dans le Jura, les producteurs de comté, la première AOP de France, exemplaire par son cahier des charges draconien, son agriculture extensive dans un milieu de moyenne montagne, ne s'en sortiraient pourtant pas sans les primes européennes.

Aucun agriculteur ne peut compter uniquement sur une production réduite ou sur des débouchés locaux. Ils sont trop aléatoires. Une mauvaise météo, une désaffection touristique, des grèves de transport, et il faut courber le dos en espérant passer le cap, avant que reviennent des jours meilleurs. Et quand la vente directe s'accompagne de restauration sur place, comme les ostréiculteurs du bassin d'Arcachon, le risque de requalification en activité commerciale expose à de lourdes sanctions financières.

En Provence, pays de Marcel Pagnol et d'Alphonse Daudet devenu à lui seul une marque de qualité de vie, de lumière et de soleil, de traditions fortes, Couleurs Paysannes regroupe plusieurs coopératives de proximité. Les agriculteurs sont fiers de proposer, en ligne et localement, dans trois magasins situés à Valensole, Manosque et Venelles, des produits du terroir, frais et de qualité : fruits et légumes, productions animales, huiles essentielles, épicerie, miel… Une belle réussite, mais qui n'exclut pas que ses producteurs vendent aussi leur production par d'autres circuits. Il ne faut jamais mettre tous ses œufs dans le même panier, tous les paysans le savent. Les meuniers-boulangers Émile et Jules, dans les Yvelines, qui ont créé des boulangeries très courues à Paris, livrent aussi leur blé à Axéréal. Première coopérative céréalière de France, elle est devenue l'un des leaders mondiaux de la malterie, avec des investissements colossaux en Chine, puisque la baguette tricolore fascine le monde entier, des États-Unis aux émergents. Elle devrait d'ailleurs entrer bientôt au patrimoine mondial de l'Unesco.

Si l'agriculteur n'habite pas à proximité d'une grande ville ou ne dispose pas de la logistique nécessaire pour vendre en ligne, il réalise vite les limites de la vente directe : il ne peut pas compter seulement sur le bon vouloir du consommateur du coin, et une partie de sa production lui reste sur les bras. L'hiver, il n'y a plus de touristes pour acheter les bons produits du terroir fabriqués à la ferme. Et même en été, immobiliser quelqu'un au magasin quand vous êtes en pleine fenaison n'est pas optimal. Pour une ferme, créer son propre atelier, sa boutique de vente directe, c'est du temps et de la main-d'œuvre en plus, pas forcément amortis si facilement, sauf quand on accepte de ne pas se payer. La vente directe à la ferme reste aléatoire.

Dans le Tarn-et-Garonne, près de Montauban, Pierre Blanc est un ancien agriculteur-multiplicateur qui a longtemps présidé le Syndicat des producteurs de semences de maïs. Cet amoureux de la céréale dorée s'est même fait tatouer sur le bras un magnifique épi coloré. Il élève des canards et des oies pour vendre, à la ferme et par correspondance, de délicieux produits du terroir. Pour lui, ce qui caractérise l'agriculteur, c'est l'amour du produit, la fierté du métier, l'innovation permanente. Mais, alors que New York vient d'interdire la commercialisation du foie gras, il est à craindre, puisque les États-Unis amorcent souvent les tendances, que les bons produits du terroir de Pierre ne lui restent à terme sur les bras. Il inventera autre chose, comme tous les paysans tant qu'ils gardent le moral. Mais la situation est toujours précaire. Dans un monde de plus en plus urbain, de plus en plus régi par le souci du bien-être animal, mais aussi par les réactions de rejet provoquées par des images choquantes – et le gavage a du mal à séduire –, les producteurs sont astreints à une révision permanente de leur avantage comparatif…

Monter en gamme, vendre cher des produits locaux

La question des prix de vente et des débouchés est en effet essentielle. Tous les producteurs ne peuvent pas uniquement s'adresser à des acheteurs aisés, des restaurateurs étoilés ou à des consommateurs militants pour rentabiliser leur « business model ». C'est seulement dans les beaux quartiers des grandes villes du monde qu'on trouve les classes moyennes supérieures prêtes à payer de façon durable et continue le prix d'une nourriture d'exception. À en faire un critère de prestige, de « distinction » selon le terme de Pierre Bourdieu. En France, c'est dans la région parisienne que l'on trouve le pouvoir d'achat le plus élevé et le plus grand nombre de consommateurs bio. On y peut sans trop de risque monter en gamme. L'Île-de-France vient d'adopter un Pacte agricole visant à permettre au quart de ses exploitations de se diversifier. Elles ne sont encore que 10 % en 2019. Retrouver les pêches de Montreuil, les cerises de Montmorency, les poires de Groslay ou les vignobles de Montmartre demande un engagement financier des pouvoirs publics et des consommateurs, beaucoup d'investissement, la maîtrise de la production, du verger à l'assiette, et des « locavores » résolument engagés, prêts à payer le prix de la qualité et de la proximité.

Lyon, Nantes, Montpellier et Bordeaux suivent Paris, comme, bien sûr, toutes les régions de villégiature des Parisiens : La Rochelle et l'île de Ré, la Provence du Luberon, le littoral de la Côte d'Azur. Mais seulement l'été. L'hiver, il faut réduire la voilure en attendant le retour des touristes. Là où le tourisme est encore plus saisonnier et plus volatil, c'est plus compliqué. Et à Sauveterre-de-Béarn, Laura est obligée de fermer son restaurant l'hiver.

La vente directe, c'est souvent un plus. Difficile de compter sur elle pour faire vivre toute la famille, surtout quand l'exploitation est grande, ou que l'on n'est pas prêt à faire du quasi-bénévolat sans jamais prendre de congés. Elle demande donc de la disponibilité, et s'il faut créer un emploi dédié, les recettes doivent financer le salaire et les charges induits. Plus, bien sûr, la disponibilité d'un local, s'équiper, comme Ghislain, d'un distributeur de produits frais accessible vingt-quatre heures sur vingt-quatre. Un lourd investissement et une maintenance chronophage, approvisionner régulièrement en veillant à ce que rien ne se gâte derrière les vitrines, veiller à ce que les paiements par carte bancaire ne puissent pas être piratés, au détriment du producteur ou des utilisateurs…

Cela n'empêche nullement la multiplicité d'initiatives salutaires, pour les territoires et leurs acteurs, comme pour les consommateurs, qui créent du lien et de la convivialité, permettent d'expliquer son métier, de retrouver de la valeur. Mais croire que vente directe et circuit court peuvent tenir lieu de modèle agricole unique serait une erreur colossale, souvent commise par des médias enthousiastes. La disponibilité de nourriture ne peut pas faire un grand bond en arrière. Les produits locaux sont généralement plus chers car ils demandent beaucoup de travail et de savoir-faire pour être élaborés. C'est l'industrialisation et la standardisation qui permettent de baisser le prix unitaire de la nourriture, d'assurer les volumes, le respect strict des conditions sanitaires, le conditionnement pratique et la distribution partout. La généralisation d'une agriculture de proximité nous renverrait tout droit aux temps de la dépendance alimentaire et de la faim, celle des producteurs comme celle des consommateurs.

Alors, bien sûr, les agriculteurs rivalisent d'ingéniosité pour court-circuiter les centrales d'achat et ne plus être les dindons de la farce de la grande distribution, en ne percevant qu'une part dérisoire des produits mis en linéaire. Les magasins paysans éclosent partout en France. Mais la grande distribution, qui se rend compte qu'elle est en train de perdre des parts de marché et que son modèle de gigantisme décline, a décidé de surfer sur les attentes des consommateurs en créant elle aussi de petites surfaces de proximité, des magasins entièrement bio. Elle cloisonne l'espace dans ses hypers pour constituer des espaces plus conviviaux, réservés aux producteurs locaux, aux produits du terroir, avec une décoration et un discours intimistes. Ses marques de distributeur (MDD), comme « Act for food » pour Carrefour ou « Récoltons l'avenir » pour Leclerc, présentent des gammes spécialement élaborées pour cocher toutes les bonnes cases : local, bio, circuit court, bien-être animal… Il s'agit de ne pas voir s'échapper vers les magasins spécialisés le « consom'acteur », éduqué, écologique et militant… mais qui a aussi une famille à nourrir et un budget à respecter. Les paysans tiendront-ils longtemps si la grande et moyenne distribution leur emprunte leurs codes pour vendre à leur place et en leur nom ? Et toutes les PME de l'industrie agroalimentaire que les MDD pulvérisent ?

Au sein du bio déjà, la guerre fait rage. En novembre 2019, l'enseigne Biocoop et le Syndicat des producteurs bio « historiques » décident de s'opposer à cette concurrence par une campagne publicitaire coûteuse.

On peut y voir un cadre sup en costume, expliquant, sourire carnassier aux lèvres, ce qu'est le bio business, prêt à tout pour de l'argent : acheter de la mauvaise nourriture bradée aux quatre coins du monde, pour la faire venir dans de gros avions polluants, mentir sur l'usage réel des pesticides, exploiter le petit producteur…

Cette supposée dénonciation d'un bio qui ne serait pas celui des bios historiques aboutit à l'effet totalement inverse, celui de donner un coup de projecteur sur les supposées pratiques peu reluisantes du secteur. Les réseaux sociaux se déchaînent et s'empressent d'afficher la progression exponentielle du chiffre d'affaires de Biocoop. Les consommateurs ne sont pas sensibles au second degré du message : ils mettent tout le monde dans le même sac et comprennent que derrière le message écologique du bio se cachent en réalité des enjeux capitalistiques colossaux. Le bio en sort discrédité, et Biocoop qui a voulu l'incarner remise rapidement sa campagne, manifestement trop décalée pour servir son image.

Reprendre l'initiative

Derrière le marketing et les parts de marché, il y a le paysan, qui en a assez d'être instrumentalisé, qu'il s'agisse de la grande distribution ou du bio industriel, en ne percevant qu'une part dérisoire du prix de vente final. Portées par des entrepreneurs individuels convaincus qu'il faut rompre avec le système, de nouvelles coopératives reprennent possession de la commercialisation : limitation du nombre d'intermédiaires, reconnaissance de la valeur et maîtrise de la distribution, comme du discours. L'agriculteur ne doit pas seulement être un bon producteur, il faut aussi qu'il soit un excellent commerçant, capable d'anticiper les attentes du marché et d'y répondre au bon moment. Améliorer la traçabilité et resserrer le lien avec le consommateur sont deux maîtres mots de la nouvelle agriculture.

L'initiative « C'est qui le patron ?! », lancée en 2016 par Emmanuel Vasseneix et Nicolas Chabanne, « les VRP des terroirs » selon la formule de *L'Expansion*, réunit 3 000 producteurs et 6 000 sociétaires autour de produits répondant aux attentes des consommateurs, vendus à un prix plus rémunérateur pour le producteur. Initialement centrée sur le lait (elle est devenue numéro un du lait bio en France), elle se lance dans de nombreux autres produits, dont la farine équitable.

Fabrice Hégron, le fondateur d'« En direct des éleveurs », une marque du centre-ouest de la France, qui produit et conditionne dans un packaging souple un lait sans OGM riche en oméga 3 (label Bleu-Blanc-Cœur), s'est vu remettre en 2019 le prix d'Entrepreneur social de l'année par le Boston Consulting Group.

Filières, marques, coopératives inventent ce qu'on appelle des « zones protégées », c'est-à-dire des marchandises qui se mettent à l'abri des attaques et des campagnes de boycott grâce à l'adoption de nouveaux référentiels cochant toutes les cases, avec des labels, des chartes, des engagements, des codes de bonne conduite.

Beaucoup développent la *blockchain* en apposant sur leurs produits un code QR qui, flashé par l'acheteur, lui permet de tout savoir sur l'origine de ce qu'il vient de sortir des rayons, le nom de l'agriculteur qui l'a produit, ce à quoi il s'est engagé. De nombreuses marques affichent désormais son visage, toujours dans son champ ou son étable, vêtu de sa chemise à carreaux ou de sa cotte. Quitte, parfois, à profiter de la bonne réputation du petit producteur sans vraiment le faire bénéficier de l'utilisation de son image.

Les marques tendent donc désormais à créer leurs propres indicateurs, leur propre référentiel, pour séduire le consommateur. Et couper l'herbe sous le pied des applications de plus en plus nombreuses indiquant quelles sont les valeurs nutritionnelles de l'aliment, et lui décernant des bons et mauvais points, selon des critères qui demanderaient souvent à être éclaircis.

Les modes alimentaires manquent de nuance, comme toutes les modes. On s'engouffre dans un nouveau postulat, incontournable, quitte à le rejeter quelques mois ou années plus tard. Aujourd'hui, tout ce qui contient du gras et du sucre est systématiquement mal noté, mais qui pense sincèrement que l'organisme humain peut durablement s'en passer ? Le gras participe aux défenses immunitaires, le sucre sert de carburant au cerveau. L'acheteur qui se conformerait strictement aux prescriptions de ces applications se priverait et priverait ses enfants de nutriments essentiels.

La multiplication de ces applications de notation des produits alimentaires, selon des critères nutritionnels, environnementaux et éthiques, est-elle une flambée éphémère, ou bien instaure-t-elle une nouvelle façon de faire les courses ? Elles deviendront sans doute de plus en plus puissantes et prescriptrices.

En France, le Nutri-Score, conçu dans le cadre du programme national Nutrition-Santé, attribue à chaque aliment transformé issu de l'industrie agroalimentaire une note liée à sa valeur nutritionnelle et à son intérêt supposé pour la santé. De tels logos posent la question des référentiels et de la dimension plaisir que revêt aussi la nourriture. On ne déguste pas de la pâte chocolatée juste pour se nourrir ! En appliquant ainsi les valeurs d'une orthorexie sourcilleuse aux produits du quotidien, le Nutri-Score dote l'alimentation, sous couvert de médecine et de lutte contre l'obésité, d'une valeur morale qui peut conduire à stigmatiser certains aliments.

Les industriels de l'agroalimentaire le savent : une fois que la réputation d'un produit est établie, que des habitudes alimentaires sont prises, que des marques sont repérées comme vertueuses (ou au contraire à proscrire), il est difficile de modifier les réflexes des consommateurs. Mieux vaut d'emblée afficher sa vertu… Le risque est de voir se développer de nouvelles carences, resurgir des manques anciens, quand ni le sucre ni le sel n'étaient disponibles sur les tables de ceux qui n'avaient pas la chance de faire partie de l'élite. Nos grands-mères disaient simplement que, en matière d'alimentation, il fallait « de tout un peu ». Noter la nourriture, bannir certains aliments, c'est étendre la surveillance publique à la sphère privée. Et les consommateurs se perdent dans la prolifération des logos, des sigles, des labels.

Allons-nous vers le bannissement des aliments « incorrects » (la pâtisserie et la confiserie, riches en plaisir ; la charcuterie, pleine de fer ; les graisses – que l'on réhabilite pourtant aujourd'hui) avec le risque de voir disparaître des métiers anciens, des savoir-faire irremplaçables ? En France, sans produits animaux, sans charcuterie, sans fromages gras, qui étaient traditionnellement les aliments de survie dans les campagnes pauvres, la plupart des initiatives locales visant à revivifier les terroirs deviennent tout simplement impossibles…

Rester nourricier pour tous avant tout

Et justement, n'est-on pas en train d'oublier l'essentiel ? On peut disneylandiser tant qu'on veut la production alimentaire, réinventer des traditions culinaires anciennes transmises religieusement de famille en famille, créer autour de certains aliments emblématiques une légende – comme la firme Tabasco, en Louisiane, qui a réussi à transformer son usine, la seule au monde pour ce condiment à base de piment, pourtant planétaire, en un formidable parc d'attractions –, la vocation de l'agriculture est d'abord d'être nourricière. On ne peut pas produire de moins en moins en vendant de plus en plus cher. Les malnutris sont ceux qui n'ont pas de pouvoir d'achat pour acheter de la nourriture.

Le dilemme est là : pour que les modèles soient durables, pour que les producteurs résistent à toutes ces injonctions proliférantes, il faut qu'ils parviennent à vivre de leur travail. Pourtant, plus ils se grèvent d'obligations, plus les coûts de leurs productions s'élèvent. « C'est qui le patron ?! » a augmenté d'un tiers le prix au consommateur de son beurre bio en 2019 pour réussir à conserver la rentabilité de son modèle. Comme cela arrive souvent en matière de commerce dit équitable, le producteur, lui, a bénéficié d'une hausse de 4 % seulement. Le surprix payé par le consommateur ne se répercute que de façon très limitée sur le producteur, en raison du coût des certifications et des contraintes que s'impose la filière.

Les prix de la nourriture sont en train de repartir à la hausse, sans que le producteur n'y trouve forcément son intérêt. Si tout le monde prétend monter en gamme, le marché risque de s'engorger et l'acheteur de ne pas suivre. L'agriculture se doit d'être avant tout compétitive et rémunératrice. Ce n'est pas un hasard si beaucoup de conversions en bio ne sont que partielles, le producteur conservant une partie de son exploitation en conventionnel pour ne pas, précisément, mettre tous ses œufs dans le même panier.

Certes, les contempteurs de l'agriculture « productiviste » ont beau jeu de souligner les difficultés économiques rencontrées par ceux qui s'en sont voulu les bons élèves, et souffrent aujourd'hui de prix volatils, d'un endettement croissant et quelquefois insoutenable. Problèmes auxquels on peut ajouter le sentiment, diffus, que certaines grandes coopératives semblent avoir oublié qu'elles étaient d'abord au service de leurs adhérents, pour se transformer en grosses machines investissant mondialement, parfois au détriment de la pérennité de leur berceau initial. Et ce constat redonne de la valeur et une raison d'être aux milliers de coopératives petites et moyennes.

Pourtant, les faits montrent que l'« autre agriculture », l'agriculture « alternative », quel que soit le nom qu'elle se donne, n'est pas forcément la panacée attendue. Ainsi l'agriculture biologique, comme l'agriculture conventionnelle avant elle, souffre désormais de la guerre des prix que mènent les grandes surfaces, pour conquérir le marché au détriment des structures historiques. Elles ont déjà accaparé la moitié des ventes sur le marché du bio. Et ce marché – rémunérateur tant qu'il restait une niche occupée par des militants prêts à payer un prix élevé pour des produits jugés meilleurs pour la santé et la planète – s'engorge quand trop de producteurs s'y engouffrent en même temps, surtout quand les primes à la conversion se réduisent ou sont tout simplement abandonnées.

Ne pas régresser

La nouvelle révolution agricole ne doit pas être une régression. L'agriculture doit rester compétitive, ce qui ne veut pas dire produire au moins-disant, car elle ne pourra jamais rivaliser avec les immenses exploitations du Nouveau Monde, ou l'exploitation de la main-d'œuvre dans les pays pauvres. Pour se distinguer et continuer d'exister dans un monde ultra-concurrentiel, ouvert et sans pitié, il lui faut allier durabilité environnementale, qualité gustative, sécurité sanitaire… tout en maintenant un prix qui reste abordable.

Il n'existe pas de solution miracle, agronomique et économique. Et sauf à créer un espace exigu et élitiste, où l'on produit peu pour quelques *happy few*, à grand renfort de publicité et d'engouement médiatique, ou bien à bénéficier de l'appui financier volontariste de municipalités militantes, qui ont décidé que leurs cantines scolaires et leurs maisons de retraite mangeraient bio et local, et ont les moyens d'en payer le prix, vivre de la terre devient de plus en plus difficile.

Certains s'en sortent en s'agrandissant pour rationaliser les machines, les intrants, le coût de la main-d'œuvre, dégager de la rentabilité grâce aux quantités produites. D'autres renforcent leur autonomie en limitant leurs achats d'intrants. D'autres, au contraire, choisissent de miser sur une exploitation de petite taille, vendant cher des produits hautement sélectionnés, qui ne s'adressent qu'à une clientèle à haut pouvoir d'achat. Les dames de la bonne bourgeoisie de Dakar sont heureuses d'agrémenter leur thé de feuilles de menthe cultivée à grands frais en permaculture, dans un projet vitrine soutenu par les agences d'aide. L'attachement culturel à l'alimentation est tel que, dans les pays pauvres, même dans une famille habituée au supermarché et aux produits importés, on verra la cuisinière se procurer sur le marché l'aliment ou les herbes indispensables à la gastronomie nationale. Il existe aussi d'aimables jardiniers du dimanche qui n'ont pas besoin de vivre de leur récolte mais savourent le plaisir quotidien de s'adonner à leur passion.

L'emblème du pommier

Mais, entre ces différents pôles de l'immense palette des exploitations agricoles, il existe surtout beaucoup de fermes en difficulté, dont la taille et les prix payés aux produits ne sont plus suffisants pour entretenir une famille et payer les dettes. Le nombre de personnes travaillant dans l'agriculture ne cesse ainsi de se réduire, et c'est un cercle vicieux pour les agriculteurs car, en diminuant, ils perdent leur poids et leur influence politique, donc leur capacité à se faire entendre, ce qui contribue à l'adoption de politiques qui contribuent à leur disparition.

Il est bien loin le temps, en France, où François Mitterrand pouvait faire campagne sur la force tranquille en affichant un village agricole de la Nièvre (1981), et même celui où Jacques Chirac choisissait l'emblème du pommier pour gagner les élections présidentielles, distribuant des pommes pendant toute sa campagne (1995). Aujourd'hui, brandir une belle pomme vous vaut immanquablement une réflexion sur les supposés innombrables traitements dont elle serait la victime innocente, accompagnée de l'apologie des pommes du passé, qui « au moins étaient saines et avaient du goût ». Probablement celui des vers et des moisissures qui les rendraient aujourd'hui invendables, sauf à faire preuve d'une incommensurable indulgence, car ils compromettent non seulement l'aspect du fruit, mais aussi la santé de ceux qui le consomment, ou croient bon de transformer les fruits gâtés en compotes pour en masquer les tares.

Calomnie et parts de marché

Il y a quelques années, Biocoop, encore, fut condamnée en justice pour avoir dénigré les pommes issues de l'agriculture conventionnelle. « N'achetez pas de pommes traitées chimiquement », elle avait financé une affreuse campagne montrant des fruits dégueulant de produits répugnants. Tout était bon pour vendre plus cher ses produits. En 2019, la firme récidive, pour dénigrer cette fois les pommes bio vendues sur d'autres circuits que les siens.

Si le bio importé de pays lointains n'a souvent de bio que le nom, essayer de détruire les concurrents nationaux en laissant entendre qu'ils ne sont que de « faux bio » relève de la calomnie déloyale. Recourir aux méthodes capitalistiques les plus éhontées pour conserver ses parts de marché n'a rien de conforme aux valeurs du bio. Surtout lorsqu'on connaît les remarquables efforts mis en œuvre par les arboriculteurs pour faire de leurs vergers des modèles de biodiversité et libérer leurs fruits de la sujétion aux traitements chimiques, grâce au recours aux insectes auxiliaires, à la protection biologique intégrée, à la confusion sexuelle, à l'enherbement…

Aujourd'hui, les pomiculteurs sont presque tous intégrés dans la charte des vergers écoresponsables, une garantie d'excellence pour le croqueur de pommes, autant en bio qu'en conventionnel. La pomme, un fruit massivement traité ? Elle est surtout le fruit le plus attaqué. Pourtant, dans les vergers, on arrête les traitements en juin, quand elle a encore la taille d'une cerise, alors qu'elle ne sera cueillie que trois mois plus tard, et même en novembre pour la Pink Lady. Et ces « traitements » peuvent être des compléments vitaminés, du talc pour protéger l'épiderme fragile du fruit de la morsure du soleil, le virus de la granulose, préconisé en bio, de la vapeur d'eau contre le gel. Quand l'arboriculteur est dans son verger, et il y passe d'ailleurs un temps fou, ce n'est pas pour vous empoisonner, mais parce qu'il prend soin de ses pommiers comme de ses enfants ! Tous ces efforts, Biocoop fait semblant de les ignorer, parce qu'il veut jouer cavalier seul, au lieu de rejoindre la labellisation « vergers écoresponsables » dont s'est dotée la filière. Il serait tellement plus intelligent et plus utile d'informer le consommateur, au lieu de l'enfermer dans ses préjugés !

Depuis bien longtemps, les urbains ne connaissent plus la complexité et la technicité extrêmes des pratiques agricoles. Pour beaucoup d'entre nous, les paysans en sont toujours à la poule sur le tas de fumier et au panier rempli de beaux fruits, miraculeusement mûris dans le petit verger. Sauf que, dans la réalité, fumier signifie salmonelles, et que les fruits pourris ou gâtés jonchent le sol du petit verger, qui, une année sur trois, à cause du gel, de la grêle ou de la canicule estivale, ne donne presque rien. Alors que les Chinois consomment 40 millions de tonnes de pommes ! Soit la moitié de la récolte mondiale, passée de 5 millions de tonnes en 1960 à 80 millions aujourd'hui.

Pommes de luxe japonaises

S'il n'existait que des petits vergers, la pomme, ce fruit emblématique, reflet de la mondialisation pacifique et de l'élévation du niveau de vie de l'humanité (ce ne sont pas les pauvres qui se nourrissent de pommes, mais les classes moyennes, en quête de produits santé et minceur), aurait disparu de nos étals, ou bien serait vendue à un prix prohibitif, comme un produit de luxe.

Il faut écouter ce que raconte des vergers japonais Didier Crabos, qui préside l'association des producteurs de Pink Lady, cette pomme inventée en Australie en 1973. Alors que la Pink Lady peut être considérée aujourd'hui comme la quintessence de la pomme parfaite, tant elle demande d'attention tout au long de son cycle de production – près de neuf mois, le plus long des pommes, première fleurie, dernière cueillie –, tout le monde peut avoir le bonheur d'en acheter une sans avoir l'impression d'avoir fait une incursion chez Cartier. Au Japon, en revanche, ce n'est pas la même chanson : les pommes sont vendues aux enchères, lot par lot, car les producteurs ont, pour les obtenir, effectué un travail d'orfèvre.

« Pollinisation manuelle, sélection d'un seul fruit par bouquet, effeuillage, ensachage individuel de chaque fruit sur l'arbre pendant les deux derniers mois pour éviter les agressions, rotation manuelle progressive du pédoncule pour que chaque face du fruit soit exposée au soleil… Une fois mûre, la pomme, qui pèse un demi-kilo, se vend une fortune à Tokyo ou à Taïwan. » Voilà ce que me rapporte Didier Crabos. Dont la coopérative, Cofruid'oc, vend, elle, pommes, poires, asperges et fraises de Petite Camargue dans toute la France et une grande partie du monde. Une coopérative résolument engagée dans la transition agroécologique, et qui fait vivre, avec ses 120 emplois, la petite ville de Saint-Just, dans le Gard, au point que la municipalité a fait installer, sur le rond-point qui mène à Cofruid'oc, une pomme géante, brandie par un bras tendu vers le ciel, comme un arbre. Cette sculpture de l'arbre-main a été réalisée par un artiste connu, Ben K. Elle célèbre la pomme nourricière, belle à regarder, bonne à manger, mais aussi accessible à tous.

Souhaitons-nous vraiment en arriver aux pommes japonaises ? Pourquoi opposer la nécessité de variétés productives et performantes, pour nourrir des consommateurs urbains mondialisés en quête de fruits beaux, qui aient du goût et se conservent, et l'intérêt de variétés anciennes cultivées localement par des passionnés ? La Golden tant critiquée peut être délicieuse quand elle vient des Alpes, où le froid lui rosit les joues, ou du Limousin, qui produit la seule variété AOP de France : ici, le milieu naturel ressemble à celui du berceau initial du pommier domestique, les montagnes célestes d'Asie centrale, où l'on trouve des pommiers de plusieurs milliers d'années, qui ont développé des gènes de résistance à la tavelure. En bio comme en conventionnel, cette charte des « vergers écoresponsables », dont se sont dotés les arboriculteurs, garantit leurs bonnes pratiques environnementales et sociales. Elle assure au consommateur que, quel que soit le mode de production, il ne sera pas trompé sur la valeur du fruit qu'il achète, la façon dont il a été produit, son impact environnemental.

Associer les modèles plutôt que les opposer, mais toujours viser l'excellence, telle est la voie de la troisième révolution agricole.

7

Les limites du bio

L'agriculture biologique, fondée sur le refus d'utiliser des produits chimiques de synthèse, a le vent en poupe. Si elle fait le bonheur de petits producteurs installés dans des milieux difficiles, qui peuvent ainsi vendre leur production à des prix rémunérateurs, peut-elle réellement être généralisée ? Qu'en pensent les agriculteurs, que les pouvoirs publics et la demande des consommateurs incitent à se convertir massivement au bio ? Beaucoup hésitent à faire le grand saut car ils savent bien que se passer de produits de traitements issus de la chimie moderne complique considérablement leur travail et grève leur productivité, rendant leurs récoltes plus aléatoires. Mais le marché dicte sa loi. Et le marché veut du bio. Alors, que faire ?

Une progression exponentielle… qui part de très bas

En 2019 en France, l'agriculture biologique occupe 10 % de la superficie agricole utile, soit 2,8 millions d'hectares. Les médias parlent d'explosion du bio, de progression exponentielle, puisqu'en 2013 le bio ne représentait que 3,9 % de la SAU. Mais les taux de croissance élevés sont plus faciles lorsque la base de départ est faible. Aujourd'hui, un agriculteur sur dix est soit en conversion, soit a créé au moins une activité bio sur son exploitation. Porté par une opinion publique de plus en plus méfiante vis-à-vis des produits alimentaires conventionnels, le gouvernement français a décidé que la restauration collective publique comporterait 22 % de produits bio en 2022, date à laquelle il souhaite que la surface convertie en bio atteigne 15 % de la SAU. Seule l'Europe du Nord atteint de tels chiffres.

Bien sûr, si l'on ne se réfère qu'au site de l'Agence Bio, tout va pour le mieux dans le meilleur des mondes. Le mode de production ne cesse de progresser, le secteur a atteint un chiffre d'affaires de 10 milliards d'euros. Les agriculteurs français sont exhortés à se convertir sans tarder. Les médias et les « people » qui adorent le bio ne jurent que par lui.

Au-delà de la démarche éthique qui pousse de nombreux paysans à proclamer qu'ils veulent en finir avec l'agriculture conventionnelle et la sujétion aux intrants qu'elle impliquerait – ce qu'ils traduisent par « je ne veux plus être accro aux pesticides », formule que ceux de leurs confrères qui n'ont pas encore effectué le grand saut trouvent toujours d'une grande délicatesse… –, le bio permet souvent, dans la mesure où il est vendu plus cher que le conventionnel, de rentabiliser des petites surfaces, des zones défavorisées. Il offre ainsi une porte de sortie à tous ceux qui peinent à s'en sortir dans l'agriculture conventionnelle.

Toutefois, lorsqu'on examine sur la durée tous les

paramètres de l'agriculture biologique, ce qu'elle implique, les résultats qu'elle obtient, l'enthousiasme du gouvernement français et des thuriféraires du bio bute sur quelques inconvénients de taille, généralement passés sous silence. Inconvénients que les agriculteurs, eux, connaissent parfaitement, ce qui explique leur réticence à s'engouffrer dans ce mode de production : un paysan connaît son métier et sait faire ses comptes. Et parfois, en matière de bio, le compte n'y est pas : les débuts (« la conversion ») sont difficiles, l'assurance de conserver longtemps des prix rémunérateurs sur la durée, nullement garantie. Mais il y a aujourd'hui sans conteste une fenêtre d'opportunité. Voilà ce que dit le paysan. Expliquons la situation.

Un mode de production pas aussi propre qu'il ne le revendique

Si l'agriculture biologique répond à une attente sincère de consommateurs qui redoutent l'incidence des traitements chimiques sur leur santé, il y a dans cette conviction une forte dose d'amnésie, qui nous pousse à penser qu'avant les gens vivaient mieux, que les aliments étaient plus variés et avaient plus de goût. Affirmations qui, en réalité, ne reposent sur aucun fondement, si ce n'est notre capacité à idéaliser le passé.

Certes, les agriculteurs ont combattu les contaminations bactériologiques d'hier avec des méthodes radicales, à la mesure des dangers qu'elles représentaient. Mais aujourd'hui, dans les pays les plus avancés (ce n'est pas encore le cas dans le monde tropical en développement, où l'omniprésence des pestes et le manque de formation incitent les producteurs à y aller franchement...), les traitements n'ont plus rien à voir avec ceux des années 1970. Les agriculteurs ont considérablement revu leurs protocoles et n'interviennent qu'en dernier recours – c'est un point qui sera examiné au chapitre suivant.

Il n'empêche : le bio est devenu la seule méthode considérée comme acceptable en agriculture et tous les producteurs qui ne sont pas bio doivent se justifier quand ils reçoivent des visiteurs sur leur exploitation. Mais les bios, eux, doivent prudemment taire qu'ils sont également obligés de traiter... Ou bien s'ils admettent qu'ils le font, ils affirment que leurs traitements sont sans danger pour la nature et pour la santé. Ce qui n'est pas tout à fait vrai.

Le bio se proclame supérieur pour l'environnement car fondé sur l'emploi de produits naturels, et il est vrai que la nature préfère sans conteste qu'on ne lui inflige pas de sévères corrections pour la rendre, parfois de façon assez expéditive, plus conforme à notre volonté de nous nourrir en toute sécurité. Mais la nature est-elle si bonne, notamment pour l'humanité ? C'est une question que pose avec justesse dans ses livres Jean de Kervasdoué, économiste de la santé né en 1944, qui fut directeur général des hôpitaux. Dame Nature détient aussi les plus puissants poisons.

L'histoire des épidémies et des pestes qui ont décimé l'humanité occupe des livres entiers. Les gens cultivés, en quête de critères de naturalité, voire de distinction, qui ne se réclament plus que du bio, croient vivre dans un monde libéré des risques. Il s'agit là d'une erreur, car ces risques augmentent au contraire, en raison de la mondialisation et du changement climatique. Ces consommateurs sont sincèrement persuadés que le bio est meilleur pour leur santé et pour la nature car, et c'est ce que leur font croire toutes les innombrables institutions ayant besoin d'établir cette croyance pour prospérer, le bio serait moins traité, voire pas traité du tout. Manger bio serait donc forcément mieux, bien que plus cher.

Un bilan environnemental discutable

En réalité, non seulement le bio est traité, mais il est *très* traité. Parce que les produits utilisés sont moins efficaces et qu'il faut en appliquer plus souvent. Pire encore, en matière de traitement, « naturel » ne veut pas dire forcément meilleur : le géraniol, le pyrèthre, la roténone (désormais interdite car suspectée de transmettre la maladie de Parkinson), le cuivre ne sont pas sans danger, autant pour les sols que pour la santé. Le sulfate de cuivre, notamment, a été obtenu par traitement chimique. Pourquoi l'autoriser en bio ? Parce qu'il est indispensable, sous peine de récolter peu, faute de traitements. On note déjà que l'agriculture biologique ne redoute pas la contradiction, et ce n'est pas le premier de ses paradoxes.

Les pouvoirs publics français veulent désormais limiter l'emploi de produits contenant du sulfate de cuivre, en raison de leur toxicité pour les sols, où ce composé chimique s'accumule, avec des effets pernicieux pour l'environnement, l'eau, les organismes vivants. Cette interdiction programmée – contre laquelle les « bios » se battent avec l'énergie du désespoir – risque de les confronter à des impasses techniques, au même titre que leurs homologues en conventionnel, à qui l'on interdit de plus en plus de produits de traitement au nom de cette détestation croissante de la chimie.

Sans le recours de la chimie, la pression parasitaire, pourtant, est particulièrement forte en bio, et le temps consacré au binage, mécanique ou manuel, important. Ce que l'agriculteur bio économise en produits phytosanitaires, il le dépense en main-d'œuvre et en machines (herses étrilles, houes rotatives, bineuses, déchaumeuses…), mobilisant des trésors d'ingéniosité pour tenter de limiter les risques d'attaques d'insectes, les mauvaises herbes et les maladies. Certains retardent au maximum la date des semis… avec le risque de manquer d'eau quand la plante sera en pleine maturation. D'autres jouent sur les associations de plantes. D'autres encore sélectionnent des variétés plus résistantes… Il faut de toute façon trouver des parades car les bioagresseurs sont toujours en embuscade.

Donc le bilan environnemental comparé du bio et du conventionnel dépend des critères que l'on prend en compte. Le recours à la chimie étant exclu, le producteur bio utilise des machines pour faire mécaniquement le travail, ce qui mobilise du carburant et rejette du CO_2 dans l'atmosphère, donc utilise des ressources fossiles et contribue au changement climatique, sans compter l'impact que ce labour exerce sur des sols dont on dit aujourd'hui qu'il vaut mieux les préserver. S'il refuse cette solution, ne peut ou ne veut recourir aux machines, il travaille comme un damné pour arracher les mauvaises herbes, sans compter ses heures de travail. Ou bien il fait venir de gentils stagiaires pour désherber, à qui il fait miroiter le bonheur de la vie en plein air. Le plus souvent, il recrute des travailleurs équatoriens, prêts à faire le sale boulot pour pas cher.

Le risque d'empoisonnements

Meilleur pour la santé, le bio ? Rien n'est moins sûr. Essayons de voir au-delà des polémiques, souvent violentes et manichéennes sur la question, au-delà du discours enflammé de ceux qui se sont mis au service de ce mode de culture, parce qu'il permet de doubler les marges de la grande distribution et a suscité l'éclosion d'une infinité de structures opportunistes. En effet, aucune académie scientifique ne confirme la supériorité des produits biologiques, qui en outre sont plus exposés aux contaminations car ils ne se conservent pas. Si ceux qui en consomment se portent généralement mieux que le reste de la population, c'est parce qu'ils disposent d'un pouvoir d'achat plus élevé, attachent plus d'importance à leur alimentation et à leur hygiène de vie, font du sport, ne fument pas, et mènent un mode de vie plus sain. Corrélation n'est pas causalité, et il faut prendre garde au biais de confusion.

Au contraire, le fait que le bio, moins bien protégé contre les ravageurs, se conserve moins longtemps occasionne un immense gaspillage et crée le risque de moisissures ou de plantes indésirables : des alcaloïdes dans la farine de sarrasin ou dans l'ensilage de maïs, responsables d'hallucinations et d'empoisonnements, des mycotoxines dans les céréales, causant des problèmes de santé très graves. Selon la toxicologue Isabelle Oswald, l'aflatoxine, présente dans le quart des récoltes mondiales, est le plus puissant cancérogène naturel. Vit-on plus longtemps quand on mange bio ? Ce n'est pas, pour l'instant, avéré.

Enfin, l'agriculteur bio a une obligation de moyens, pas de résultat. Il doit respecter un dogme, s'interdire le recours à des produits de synthèse. Mais les contrôles sanitaires de ses productions sont plus limités que dans l'agriculture conventionnelle, où ils sont systématiques et draconiens.

Ne parlons pas du bio importé en provenance de pays lointains, où c'est le flou le plus total, mais qu'on vend comme si c'était du bio local, au nom de la « bioéquivalence ».

En définitive, le producteur bio est obligé pour s'en sortir de vendre plus cher parce qu'il obtient des rendements moindres d'un tiers environ, avec des récoltes plus aléatoires, et que ses charges de main-d'œuvre et de machines sont supérieures. Est-ce vraiment un modèle généralisable ? Ceux qui produisent en bio savent qu'ils ont encore quatre à cinq années de recettes élevées devant eux, mais qu'ensuite les choses vont devenir plus compliquées. Quand tout le monde va s'engouffrer dans le bio, deux problèmes majeurs vont se poser : la pression parasitaire, d'une part ; le problème des prix, d'autre part.

Une niche utile… mais qui doit rester une niche

Généraliser le bio serait très dangereux… pour le bio : les attaques des bioagresseurs peuvent être contenues tant que la majorité de l'agriculture reste conventionnelle, protégeant concrètement les productions bio en leur offrant un environnement sécurisé. Mais si tout le monde désarme, nous reviendrons aux attaques massives qui ont toujours dévasté les cultures et les élevages dans l'histoire, comme elles se produisent dans les campagnes pauvres aujourd'hui, entraînant des pertes qui peuvent atteindre plus de la moitié de la récolte. C'est pourquoi l'éleveur bio ne s'interdit pas de recourir aux antibiotiques quand ses bêtes sont malades.

Il arrive aussi, et plus souvent que la filière veuille bien l'avouer, que les producteurs bio sollicitent des dérogations pour se libérer d'une infestation massive grâce à des produits conventionnels. Plus de neuf dindes bio sur dix dans les élevages plein air du nord de l'Europe sont atteintes de pododermatite. Dans les abattoirs français, on abat les porcs bio à part, à la fois pour respecter la filière, mais aussi parce que leur foie est infesté de parasites. Qui le dit ouvertement ?

Aujourd'hui le chiffre d'affaires du bio a beaucoup progressé. Mais la moitié est réalisée en grande surface, qui « marge » considérablement sur les produits AB, et les produits importés en bénéficient largement. Pour répondre aux attentes des consommateurs, les importations ont explosé, en provenance de pays dont la conception du bio est plus que douteuse, mais dont les produits bénéficient en Europe de la « bioéquivalence », voire se font passer tout simplement pour du bio local s'ils ont subi une transformation, même mineure, une fois arrivés en Europe. Une étiquette, un peu de sel dans un atelier et hop, vous voilà labellisé produit conditionné en France ! Le consommateur le sait-il ? Les bananes bio de Haïti reposent sur l'exploitation de femmes et d'enfants, le thé vert bio de Chine subit un grand nombre de traitements qui ne seraient pas autorisés en Europe.

Mais les contrôles sont très peu nombreux, faute de personnel suffisant dans les douanes. Quand ils ont lieu, près de 20 % des produits ne sont pas conformes à nos normes. Quant au riz basmati, bio ou conventionnel, en provenance d'Inde ou du Pakistan, mieux vaut cent fois lui préférer le riz de Camargue quand on sait tout ce qu'autorisent les législations indiennes, chinoises, brésiliennes et autres pays du Sud en matière de traitements. L'inventivité des paysans de ces pays pour parvenir à bout de leurs pestes est sans limites, et ils n'hésitent pas à employer les produits les plus toxiques (parfois envoyés par les pays du Nord, qui s'en débarrassent ainsi quand ils sont interdits), au détriment de leur santé et de leurs familles. Les quantités appliquées sont excessives, les délais de réentrée dans les parcelles ou de récolte non respectés, les contrôles et les sanctions peu fréquents, d'autant que le manque de moyens, la corruption et les arrangements rendent les autorités très indulgentes… quand elles sont présentes.

Les importations massives de bio en provenance de pays qui sont loin d'appliquer les mêmes normes sociales et environnementales se multiplient donc, exerçant une concurrence déloyale sur le producteur français et trompant les consommateurs. Certaines ne respectent pas les standards sanitaires exigés du producteur bio français. Les contaminations (datura dans la farine de sarrasin ou les haricots verts, mycotoxines…) se multiplient et peuvent demain provoquer de graves crises sanitaires, même si les cas graves restent aujourd'hui isolés. Et largement tus : contrairement à l'impressionnante dénonciation des pesticides de l'agriculture conventionnelle, peu d'information est accessible sur les crises sanitaires liées au bio.

Alors oui, le bio a toute sa place : d'une part, s'il répond aux exigences de qualité attendues des producteurs d'Europe du Nord (une auréole de fiabilité décroissante entoure le berceau du bio, son noyau européen septentrional) ; d'autre part, s'il reste une niche. Sinon, il subit la concurrence déloyale de faux bio venu du monde entier, exposant le consommateur à des conséquences sanitaires graves. Le faux bio tue plus aujourd'hui dans le monde que le conventionnel !

Les petits producteurs du Sud, contraints au bio faute de pouvoir acheter des intrants, assurent la grande cohorte des malnutris et des malades, à l'espérance de vie courte et aux problèmes de santé récurrents. En Europe, la crise alimentaire la plus grave, en 2011, venait de haricots mungo germés (appelés à tort graines de soja) contaminés par *E.coli*, importés d'Égypte et commercialisés par une ferme bio du nord de l'Allemagne. Une sale affaire, d'abord imputée à tort aux concombres espagnols, qui a conduit trente personnes au cimetière et des centaines d'autres à la dialyse à vie.

Vers une pression accrue sur les prix

Choisir de produire en bio peut permettre, on l'a vu, de valoriser une exploitation de petite taille en vendant peu, mais bien. Mais quand les prix du marché sont élevés, personne n'a intérêt à produire en bio, c'est-à-dire accepter de produire moins au prix de plus de travail pour pouvoir vendre plus cher. C'est le marché qui décide. Sauf que les choix effectués sont souvent longs à modifier, et les périodes transitoires toujours difficiles. Quand le prix du blé s'envole sur les marchés mondiaux, il faut être fou pour produire en bio et accepter de produire un tiers de moins, sans même être sûr de répondre aux exigences qualitatives des acheteurs ! C'est ce qui se passe en 2019 pour le blé dur (avec lequel on fait les pâtes et la semoule) : les cours flambent en raison d'une mauvaise récolte au Canada, mais la France ne peut répondre à la demande de l'Italie et de l'Afrique du Nord, car les agriculteurs ont réduit les surfaces après trois mauvaises années. Et le blé dur est une culture aléatoire, sensible à la météo et aux maladies… Il faut trouver des réponses qui le rendent plus durable.

C'est pourquoi, aujourd'hui, opposer conventionnel et bio ne veut rien dire. Les deux modes de production travaillent souvent main dans la main pour trouver des solutions face aux attentes sociétales. Les exploitations, comme les coopératives, créent de plus en plus des filières bio pour tester les marchés et la faisabilité des conversions.

Il ne faut pas oublier que l'agriculture dite conventionnelle représente toujours 95 % des modes de production dans les pays avancés. Concrètement, c'est elle qui nourrit le monde : le conventionnel est d'abord une agriculture puissante, aboutissement d'un combat contre l'insécurité alimentaire et sanitaire, contre le prix élevé, la qualité fluctuante et la saisonnalité des produits d'hier. Bâtie au service du plus grand nombre, elle n'a jamais cessé d'évoluer, réexaminant ses méthodes au fil des années : face aux nouvelles attentes des consommateurs, elle s'est engagée dans un grand processus de remise en question et cherche désormais à réintroduire plus de biodiversité et de critères de durabilité environnementale, tout en ne renonçant pas à la question de la quantité et du prix.

Il n'est pas acceptable que les thuriféraires du bio se croient obligés de discréditer les « conventionnels » pour justifier le prix plus élevé de leurs productions.

Si elles sont meilleures, elles s'imposeront d'elles-mêmes ! Or les « historiques du bio » comme Biocoop se paient régulièrement de très coûteuses campagnes de publicité pour discréditer l'image de leurs confrères qui produisent en conventionnel ou vendent du bio en grande surface. Ce ne sont pas des méthodes acceptables, et elles jettent la suspicion dans l'esprit du consommateur.

En réalité, il est à craindre que la généralisation du bio ne tue le bio, et auprès des producteurs, et auprès des consommateurs. Si le bio n'était pas une niche, si tout le monde se mettait à faire du bio, non seulement la pression sur les prix deviendrait telle que le producteur ne s'en sortirait plus, mais la demande ne suivrait plus l'offre, obligeant les filières à déclasser une partie de la production. Envoyer en casserie des œufs bio, obtenus à grands frais, avec un prix de revient trois fois plus élevé que l'œuf conventionnel, déclasser du lait bio parce qu'on n'arrive pas à le vendre, c'est ce qui est en train d'arriver en France, parce que le marché n'est pas indéfiniment extensible ! Il faut donc que la production bio puisse passer par des filières qui lui accordent une rémunération plus élevée. Mais les pratiques agressives de la grande distribution commencent à s'appliquer aussi de plus en plus à elle.

Faut-il manger bio pour sauver la planète ? Une étude de la FAO datant de 2007 et expliquant que le bio pourrait nourrir le monde est souvent citée pour justifier la volonté de généraliser ce mode de production. Mais elle n'a généralement pas été lue dans son intégralité, comme souvent les rapports des institutions onusiennes, longs et assortis de précautions langagières destinées à ne froisser aucune susceptibilité étatique.

La FAO dit en effet que le bio pourrait nourrir le

monde… mais seulement si les agricultures déficitaires du Sud, où les rendements restent très bas, pouvaient être *hissées aux standards du bio* tel qu'il est pratiqué dans les pays avancés. À ces conditions, et à ces conditions seulement, l'effondrement de la production de nourriture qu'entraînerait la généralisation du bio dans ces pays avancés pourrait être compensé par une augmentation sensible des récoltes au Sud. Comme nous en sommes encore très loin, vouloir généraliser le bio, c'est juste tirer une balle dans le ventre de l'humanité.

Un atout pour les milieux difficiles

Passer à 15 % de SAU en bio, comme le souhaite le gouvernement français, c'est en effet choisir de produire moins par hectare, donc d'utiliser plus de territoire pour l'agriculture, ce qui implique la mise en culture de zones naturelles boisées, dans un pays qui célèbre l'arbre et s'enorgueillit d'être couvert de forêts sur le tiers de son territoire.

Par ailleurs, qui acceptera de travailler dans les campagnes bio, alors que la pénibilité des tâches agricoles fait que ce secteur manque chroniquement de bras, obligeant à recourir à de la main-d'œuvre étrangère ? Les 8 % de chômeurs français ne sont pas prêts à retourner dans les campagnes, faut-il les y obliger ? Créer un « service civique rural », qui pourrait, comme au bon vieux temps de la Révolution culturelle chinoise, envoyer les jeunes dans les campagnes ? L'opération a laissé d'impérissables souvenirs chez les dirigeants du pays : Xi Jinping lui-même y a perdu son père. Mais ce serait une bonne façon d'occuper les marcheurs pour le climat, qui rêvent de permaculture et d'agriculture naturelle. Puisqu'ils veulent faire la grève de l'école, envoyons-les comme par le passé arracher les chardons et ramasser les doryphores ! Ou acquérir des formations de tractoristes, car le secteur agricole n'arrive pas à recruter suffisamment de professionnels compétents pour piloter ces machines rendues nécessaires par le bannissement de la chimie…

Le bio n'est donc pas une sinécure. C'est pourquoi il est souvent aujourd'hui le faux nez des zones défavorisées, qu'il permet de valoriser en bénéficiant de subventions publiques. Les Agences de l'eau notamment financent à grands frais des activités bio grâce aux taxes prélevées sur les consommateurs. Selon Gil Rivière-Wekstein, qui publie la lettre mensuelle « Agriculture et environnement », les terres à faible potentiel représentent les deux tiers de la SAU française convertie en bio : les agriculteurs, toujours fins limiers, choisissent d'y consacrer leurs terres les moins productives, celles qu'ils n'auraient de toute façon pas pu exploiter utilement en conventionnel, d'autant que le bio bénéficie pour des raisons politiques de soutiens financiers importants (quand les aides sont versées). Ils ont procédé de même quand la PAC a financé les jachères, à partir de 1992, pour limiter la surproduction : cesser de cultiver les terres les plus enclavées et les moins productives, pour toucher des subventions bien plus rentables que le produit de ces dernières. Dans le Sud-Ouest, les agriculteurs passent ainsi en bio les terres à maïs qui ne bénéficient pas des pivots d'irrigation, ce qui permet de les valoriser malgré leurs faibles rendements. C'est un opportunisme intelligent et le marché qui dictent les choix.

Et les médias de s'émerveiller devant cette « conversion massive » au bio de l'agriculture française ! Rapporté à la production effective, le bio est en réalité non seulement limité en volume, mais surtout très subventionné. Est-il raisonnable de payer plus cher pour produire moins ? Tant que nous avons les moyens financiers de nos désirs, ce n'est pas un problème. Mais les producteurs bio se heurtent déjà à la lenteur du déblocage, voire à la disparition des incitations financières initiales.

Enfin, ces terres bio qui sont donc principalement des surfaces fourragères demandent beaucoup plus de superficie pour nourrir les bovins à l'herbe… On revient donc à un mode de production très extensif. Pourquoi pas ? Sauf que la France n'a que 28 millions d'hectares de SAU, que son flanc sud est exposé à la zone la plus déficitaire au monde en termes alimentaires, que l'extension des zones dites de non-traitement à proximité des habitations risque de diminuer les terres cultivées, alors qu'il y a par ailleurs un immense gaspillage de bonnes terres, près de 100 000 hectares artificialisés chaque année, en raison de l'extension des lotissements, du bétonnage, des réseaux, des zones industrielles et artisanales. Plus toute la partie, croissante, du territoire affectée à des aires protégées, des zones naturelles, des parcs. On voudrait désagriculturaliser la France qu'on ne s'y prendrait pas autrement… Quand un jeune agriculteur veut s'installer, il se heurte souvent à cette rareté du foncier, qui le rend si cher et complique considérablement son projet, d'autant qu'il ne peut bénéficier des aides européennes que si les terres choisies sont éligibles à l'activité agricole. Et Bruxelles ignore les subtilités du territoire français : les garrigues, la moyenne montagne, le périurbain gagné par la friche… Précisément là où on aimerait voir des activités agricoles, en circuits courts, en bio ou sous signe de qualité, car ce sont les seules niches qui peuvent lui permettre de s'en sortir.

Rester accessible pour tous

Prôner des systèmes élitistes en termes de prix et de quantités, des modèles qui supposent de fortes quantités de main-d'œuvre, n'est ni généralisable ni durable. Ce qui ne veut pas dire que la volonté de diminuer l'usage des pesticides ne doit pas être prise en compte. Mais les agriculteurs doivent rester très prudents, car l'opinion publique est versatile, et elle risque de se détourner du bio un jour, en l'accusant d'avoir menti sur ses effets bénéfiques pour la santé, sur l'absence de traitements, sur l'innocuité des molécules autorisées. Ou simplement parce que la France ne produira plus assez, non seulement pour nourrir le monde, mais pour se nourrir elle-même, elle qui importe déjà une quantité croissante de produits douteux au détriment de ses propres producteurs.

Exiger la généralisation du bio n'est donc ni démocratique, car une nourriture chère exclut les pauvres, ni bon pour l'agriculteur, qui ne peut espérer bien vendre sa production que tant qu'il reste dans une niche. Les mouvements plaidant pour le bio, le local, le circuit court, sont certes sincèrement motivés par la quête d'une meilleure agriculture, mais ils prennent rarement en compte l'ensemble des paramètres qu'implique la promotion de leurs modèles : des subventions massives rapportées aux quantités produites, des consommateurs au pouvoir d'achat élevé prêts à payer le prix de leurs choix militants, des produits moins abondants. Le bio ne doit surtout pas sonner le glas de l'agriculture conventionnelle, sommée de revenir aux méthodes de nos grands-parents, pendant que le reste du monde est engagé dans une course contre la montre climatique et alimentaire. La France ne peut pas devenir le musée de l'agriculture ! Avec, en outre, le risque d'un retour des pénuries et des contaminations…

8

Ne pas risquer le retour des pénuries et des contaminations

Les « pesticides » sont désormais honnis. Pas un jour où leurs méfaits pour la nature et la santé ne sont dénoncés. La multiplication des cancers, la disparition des insectes, des oiseaux et des abeilles leur sont imputées. En conséquence, les gouvernements multiplient les interdictions, et les non-agriculteurs ne peuvent plus supporter la vue d'un pulvérisateur dans un champ. En France, le gouvernement a décidé d'instaurer des « zones de non-traitement » à proximité des lieux habités, avec des périmètres de protection qui varient selon les cultures et la pression foncière.

Pour un paysan, la question de la protection des récoltes devient un problème crucial, y compris en agriculture biologique. Un nombre croissant de molécules est interdit, des néonicotinoïdes à l'atrazine en passant par le diméthoate (qui permettait de lutter contre un insecte dévastant les cerisiers, la *Drosophila suzukii*), pourtant autorisé chez les voisins européens. Depuis l'interdiction du diméthoate, dont il est difficile de trouver l'alternative, les cerisiers sont arrachés. Tout comme les pêchers de la Drôme, dévastés par la sharka, une maladie virale qui s'attaque aux fruits à noyau. Des paysages magnifiques, aboutissement de décennies de travail soigné, disparaissent, tandis que gagnent la friche et l'incendie. Il faut arracher les vergers abandonnés sous peine de créer des repaires de ravageurs, qui vont venir coloniser les parcelles voisines.

Le désarmement face aux bioagresseurs complique considérablement le travail agricole et fait craindre le retour en force de grandes infestations, alors que la mondialisation et le réchauffement climatique multiplient les virus, les bactéries, les prions, l'arrivée d'insectes destructeurs, du frelon asiatique à la punaise diabolique. Depuis le début des années 2000, 70 espèces nouvelles de bioagresseurs et d'adventices ont fait leur apparition en France, non seulement des insectes, mais des pourritures, des moisissures, des contaminations fongiques, des plantes indésirables. Il en existe plus de 10 000 en Europe. Mais l'opinion publique est si vent debout contre les pesticides, avec les mouvements « Nous voulons des coquelicots » ou les initiatives de maires bannissant l'emploi des phytos sur leur commune, que tout discours rationnel est d'emblée discrédité. L'accusé est condamné sans même avoir été écouté.

Les contaminations bactériologiques ont été et restent meurtrières

Pourtant, les produits de traitement (il faudrait bannir le terme « pesticide », qui porte une charge émotionnelle si négative qu'il est déjà à lui seul le problème) ont rendu et rendent toujours un immense service à l'humanité. Ils sont conçus pour être sélectifs (au contraire des traitements « naturels », qui tuent sans discernement). Quand vous expliquez que les résidus trouvés, quand il en existe, sont infinitésimaux, très très très – j'insiste ! – en dessous des seuils autorisés, définis par la LMR (limite maximale de résidus), draconienne en Europe, ce qui fait de notre agriculture une des plus sûres du monde, on vous rétorque l'effet cocktail. L'accumulation lente et pernicieuse de produits, même en quantité infime, dans l'organisme. Les gens ne veulent plus de « pesticides » parce qu'ils assimilent les produits phytosanitaires, insecticides, fongicides, bactéricides, herbicides, à des poisons violents et répréhensibles. Au contraire, les agriculteurs, instruits des risques pour leurs récoltes et leurs animaux, y voient l'équivalent des médicaments que nous absorbons lorsque nous sommes malades, ou des compléments vitaminés qui nous paraissent nécessaires pour pallier nos carences.

C'est un dialogue de sourds, où ceux qui tiennent les médias et jouent sur les peurs de l'empoisonnement et de la pollution crient beaucoup plus fort que ceux qui essaient d'expliquer avec rationalité la nécessité de ne pas désarmer face aux périls bactériologiques qui nous guettent. Et ont hier causé de terribles dégâts sur les hommes et leurs bêtes : la grande famine d'Irlande au milieu du XIXe siècle, due au mildiou de la pomme de terre, a tué 1 million de personnes et chassé autant d'Irlandais vers l'Angleterre et l'Amérique. Bref, une immense crise environnementale, même si l'on ne parlait pas alors des réfugiés climatiques. Or le mildiou revient en force.

La crise du phylloxéra, un insecte venu d'Amérique à la fin du XIXe siècle, a détruit presque tout le vignoble français. Imaginez le scénario aujourd'hui, dans une France dont les vins sont le premier poste d'excédent agroalimentaire de la balance agricole : champagne, bordeaux, bourgogne, cognac assurent la réputation française dans le monde entier. Aujourd'hui, la vigne souffre en France de dépérissement et d'attaques parasitaires de plus en plus difficiles à combattre. En Alsace, les essais de vignoble génétiquement modifié pour résister à des maladies comme le court-noué ont été détruits par des « faucheurs » mal inspirés, annihilant des années de recherche publique.

Le mal des ardents, dit encore « feu de saint Antoine », terrifiait les populations européennes. Les membres des personnes affectées se gangrenaient et tombaient. Jérôme Bosch en a fait de terrifiants tableaux. Personne n'en comprenait la raison, on brûlait de pauvres femmes accusées de sorcellerie. En 1951, la crise du pain qui rend fou à Pont-Saint-Esprit est attribuée à l'ergot du seigle, de la farine contaminée par des mycotoxines. Ces crises sanitaires sont loin d'avoir disparu et touchent toujours le quart des récoltes mondiales, décimant les populations pauvres. Les ONG, si efficaces pour lutter contre la faim des enfants, avec leurs protocoles de nutrition intensive et leurs aliments thérapeutiques prêts à l'emploi, sont souvent désemparées face au kwashiorkor, terme qui signifie « maladie de l'enfant rouge » en ashanti (Ghana), une malnutrition protéino-énergétique consécutive au passage de l'allaitement maternel au plat familial. On sait aujourd'hui que cette maladie, très difficile à combattre, avec ses effets désastreux sur le bon développement de l'enfant, est probablement due à des atteintes au foie et aux reins, un déficit hépatique profond lié à ces mycotoxines. L'aflatoxine, notamment, est le plus puissant cancérogène naturel du monde.

Ce que nous ingérons est souvent à l'origine de fléaux sanitaires. Les feux bactériens, la rouille du manioc sont des drames pour les paysans pauvres africains. Pour les combattre, ils réclament désespérément qu'on leur fournisse des « cides », qu'ils emploient, il est vrai, d'une manière assez fantaisiste pour renforcer leur contrôle foncier, sur un continent où la terre reste un bien collectif. Un usage bien éloigné de celui du paysan français, qui doit posséder un certificat d'utilisation des produits phytosanitaires, porter une combinaison de protection, et faire agréer ses pulvérisateurs.

Dans les pays pauvres, les « cides » sont bien souvent utilisés sans aucune formation, ni protection, par 40 °C, le pulvérisateur en bandoulière à même le torse nu. Et les bidons vides recyclés pour des centaines d'usages, y compris ludiques ou alimentaires. Mais les oléoducs percés au Nigéria causent régulièrement des drames dus à des explosions et à de gigantesques incendies, et personne n'interdit pour autant l'essence… En tout cas tant que la guerre actuelle contre les carburants fossiles doit se résoudre au constat que pétrole, gaz et charbon continuent de représenter 85 % de l'énergie utilisée dans le monde.

Ce ne sont pas les pesticides qui sont en cause, mais l'usage qui en est fait. Le paysan français, lui, doit respecter des normes très strictes en termes de vent, de dose, de délai de réentrée dans les parcelles… Et il est astreint au contrôle régulier de ses « pulvé », qu'on dote désormais de buses anti-dérives pour éviter la dispersion des molécules.

Il faudrait aussi évoquer les épidémies de listériose en Afrique du Sud, les intoxications massives aux salmonelles dues aux élevages avicoles familiaux, des maladies émergentes dues à des zoonoses, SRAS, MERS, ESB… La lutte contre les pandémies infectieuses est une priorité mondiale ancienne. L'OIE (Organisation mondiale de la santé animale) a été créée en 1924 à Paris, sous le nom d'Office international des épizooties. 60 % des pathogènes humains sont d'origine animale. Le rapport de l'OIE de novembre 2019 sur l'antibiothérapie en élevage indique qu'après avoir considérablement diminué, notamment pour lutter contre les phénomènes d'antibiorésistances, la consommation d'antibiotiques ne baisse plus en Europe. Car les pestes menacent, et désarmer nous expose à des risques immenses. Trouver des alternatives est une évidence, penser qu'on peut laisser faire la nature, un crime contre l'humanité. Trois quarts des maladies qui touchent les hommes sont transmises par des animaux, des salmonelloses à la peste noire.

Monstrueux moustique

Bâtir une réglementation exigeante, c'est normal. Dénoncer par principe les traitements phytosanitaires, c'est oublier d'où nous venons et ce qui nous menace. Dans les campagnes du monde entier, ce sont les enfants qu'on envoie dans les champs plutôt qu'à l'école pour chasser les ravageurs. La longueur des vacances scolaires en France est un reliquat du temps où on avait besoin d'eux pour les vendanges. Au début du XXe siècle, ne pas arracher les chardons (à la main) était puni d'amendes pénales. Parce que le « bon grain » n'était pas séparé de « l'ivraie », les rendements restaient faibles : moins de deux tonnes de céréales à l'hectare dans les années 1950. Et les mairies distribuaient de la bouillie arsenicale pour lutter contre les indésirables doryphores ! Qui font d'ailleurs leur grand retour aujourd'hui dans nos champs privés de protection.

Alors, oui, les pesticides ne servent pas à faire des câlins aux doryphores, même si, entre-temps, les insectes sont devenus nos amis et que nous déplorons leur raréfaction. C'est le fameux syndrome de l'essuie-glace désormais propre. Mais le monde des insectes compte aussi les plus terribles ennemis de l'humanité. Les coléoptères ne sont pas seulement les jolies coccinelles dévoreuses de pucerons (mais qu'on aime déjà moins quand elles viennent d'Asie et boulottent nos gentilles natives), mais aussi les taupins qui dévorent les pommes de terre, les bruches, un tout petit charançon dont il existe des dizaines de variétés (biodiversité !) qui s'attaquent à nos cultures et à nos aliments, dévastant les récoltes dans les pays du Sud, les silos mal protégés chez nous (bio !), et obligeant le paysan privé de produits de traitement à renoncer à des cultures aussi utiles pour les sols que la féverole ou les pois, régulièrement infestés, ou bien le colza, que l'on n'arrive plus à débarrasser des altises.

Dans la famille des coléoptères, nous voulons la coccinelle européenne, et non asiatique, et encore moins le doryphore. Dans celle des abeilles, les variétés domestiques, dont on n'a cessé de déplorer la disparition, sont désormais accusées de voler leur nourriture aux pollinisateurs sauvages. Savons-nous vraiment ce que nous voulons ?

Refuser de traiter, c'est aussi oublier les ravages commis par le plus grand assassin de l'humanité, le moustique, qui continue de tuer chaque année 700 000 personnes dans le monde. Alors que l'OMS était persuadée qu'elle allait réussir à éradiquer le paludisme dans les années 1960, l'interdiction progressive du DDT en raison de sa toxicité pour la faune sauvage à partir des années 1970 nous a désarmés. Nous avons certes conservé le moustique, mais au prix de 50 millions de morts : un million par an, de paludisme, principalement des enfants en bas âge. Autant de drames humains, de vies perdues, mais aussi de journées de travail gâchées, pour les paysans malades, vivant déjà dans la malnutrition et la pauvreté.

Seule la mobilisation mondiale humanitaire des années 2000 (OMS, Fondation Gates, Fonds mondial contre le paludisme et le sida, Unitaid, MSF, et investissement des laboratoires, comme Mérieux, Merck ou Sanofi) a permis de trouver de nouveaux traitements, qui ont diminué la mortalité par deux. Par deux, cela veut dire que l'anophèle tue toujours 450 000 personnes chaque année dans le monde ! Alors que le réchauffement climatique étend son aire de répartition, et les maladies qu'il occasionne : dengue, zika, chikungunya... La terrible malaria, commune en Europe jusqu'au début du XXe siècle, dans les zones marécageuses notamment, peut parfaitement faire son grand retour. On crée aujourd'hui des moustiques mâles stériles par génie génétique et irradiation, afin que les femelles cessent d'engendrer ces milliards de larves qui grouillent dans les points d'eau.

Curieusement, quand le moustique tigre gagne la France, plus personne ne s'interroge sur l'opportunité des pulvérisations : l'urgence sanitaire est là. Nos préoccupations sont ainsi très hiérarchisées et à géométrie variable. Si la dengue ou le paludisme menacent, ces pulvérisations sont faites partout sans état d'âme. Et la question de la toxicité des produits employés est peu abordée : les priorités sont autres.

Pourtant, là encore, les interdictions nous mettent en danger : face au pullulement des moustiques, les traitements les plus efficaces, comme le Téméphos, qui tuait dans l'eau les larves de moustiques et de simulies – des petites mouches qui créent chez nous de terribles démangeaisons, des éruptions cutanées massives, et sont responsables en milieu tropical de l'onchocercose, qui rend aveugle –, ont été désormais interdits pour protéger les cours d'eau, en Camargue par exemple. Or, s'attaquer aux insectes adultes, c'est pulvériser par voie aérienne beaucoup plus de produit, et moins efficace. Aujourd'hui, de telles pestes sont en recrudescence partout où l'on désarme. Les insectes sont de plus en plus agressifs et résistants. Pour faire face au péril sanitaire, l'OMS préconise aujourd'hui, dans des conditions certes très réglementées, le recours au DDT.

Protéger la nourriture et l'eau, une impérieuse nécessité

L'agriculteur qui utilise des produits de traitement le fait exactement pour la même raison que les agences sanitaires : nous protéger. Nous protéger de risques dont nous avons oublié l'existence – jusqu'à ce qu'ils reviennent en force car la prévention s'est relâchée. Personne ne traite par plaisir : c'est un travail fastidieux, et qui coûte cher, en produits, en temps et en main-d'œuvre. Quand l'usage de la chimie s'est généralisé, au tournant des années 1970, face à la faim et à la peur de manquer, les méthodes employées ont paré au plus pressé car il fallait augmenter les rendements, lutter contre la pauvreté de masse, vaincre les contaminations bactériologiques : 4 000 morts par an en France en 1960, 200 encore aujourd'hui, principalement dus aux salmonelloses et aux listérioses. En France, il faut attendre la loi Godefroy de 1969 pour que la qualité bactériologique du lait soit contrôlée, poussant les fermes à abandonner au profit de la citerne le traditionnel bidon, très recherché aujourd'hui comme objet de décoration, avec le joug et la vieille charrette. Des familles entières étaient décimées par le botulisme lié aux conserves maison ; les empoisonnements les plus divers, dus à la consommation de nourriture avariée, ou de plantes de cueillette, à commencer par des champignons.

Ces risques reviennent en force aujourd'hui car beaucoup de personnes incorporent dans leurs salades ou leurs soupes maison des aliments toxiques qu'elles ne connaissent plus, ou confondent avec des plantes comestibles. Marrons à la place de châtaignes, coloquintes prises pour des citrouilles, bolets satans, voire courgettes du potager, devenues toxiques car ressemées. Méfiez-vous des recettes « naturelles » des apprentis sorciers de la botanique, qui agrémentent leurs plats avec les aliments les plus douteux !

Dans les années 1960 en France, les cancers de l'estomac étaient une des premières causes de mortalité. Provoquant des milliers de morts précoces, ils ont presque disparu aujourd'hui, remplacés hélas par d'autres, tous aussi meurtriers, et dans lesquels notre alimentation et nos habitudes de consommation (tabac, alcool) jouent un rôle déterminant. Mais, grâce à l'amélioration de l'alimentation et de l'hygiène, l'espérance de vie mondiale s'est considérablement accrue : 45 ans en 1960 pour 3 milliards d'habitants, 72 ans aujourd'hui pour près de 8 milliards. Et en France, 65 ans dans les années 1960, 82 ans aujourd'hui et même 85 ans pour les femmes !

L'abondance a fait oublier le risque de pénurie, et la généralisation des normes sanitaires, les risques alimentaires. Mais il suffit de se nourrir sur les marchés dans les pays pauvres pour réaliser rapidement, à son détriment, à quel point ils restent réels. Qui n'a pas expérimenté une turista sérieuse lors d'un séjour en pays tropical pauvre ? Mais, quand elle prend le repoussant visage du choléra, maladie des mains sales et surtout de la pauvreté, la turista tue massivement. 11 000 morts en Haïti depuis 2010, à cause d'une erreur commise par les Casques bleus népalais venus après le séisme, et qui avaient rejeté leurs eaux usées dans le fleuve Artibonite, utilisé par de nombreux Haïtiens. Ce n'est qu'à la fin du XIXe siècle qu'on commence à comprendre en Europe les liens entre une eau de boisson contaminée et le choléra. Qui se souvient encore que la belle Juliette Récamier est morte du choléra, à Paris, en 1849 ?

Les protocoles rigoureux des industries agroalimentaires

C'est en raison de la multiplicité des risques, le plus souvent ignorés par le consommateur, que l'industrie agroalimentaire applique des protocoles extrêmement rigoureux. Elle n'a pas droit à l'erreur, sous peine de campagnes de dénonciation et de boycott impitoyables, comme l'a montré l'affaire Lactalis fin 2017, avec ces laits infantiles accusés de contenir des salmonelles, mais qui n'ont pas, heureusement, tué un seul bébé. Personne ne meurt de boire du soda ou de manger des chips, sinon à petit feu. En revanche, les risques venant de conserves artisanales (botulisme), de fromages au lait cru insuffisamment contrôlés (listeria), de légumes contaminés par des engrais organiques ou de viandes crues parasitées (*E.coli*, salmonelloses, hantavirus, campylobactérioses…) peuvent être immédiats et fatals. Or, ils se multiplient avec notre engouement pour l'artisanal, le bio, le local, le fait-maison, provoquant des toxi-infections alimentaires graves, parfois mortelles pour les personnes dont les défenses immunitaires sont fragiles : maisons de retraite, cantines, hôpitaux… Précisément là où se trouvent les plus vulnérables, ceux que nous devrions protéger au mieux. Le point commun de ces crises sanitaires est d'être très rapidement étouffées. Il n'est pire aveugle que celui qui a décidé qu'il voulait à tout prix promouvoir un modèle, en se voilant la face sur ses aspects les plus inquiétants.

Un usage de plus en plus raisonné

Désarmer les protections que nous avons mis cinquante ans à édifier, c'est risquer de nous retrouver demain vulnérables face à de grandes crises alimentaires et sanitaires. C'est affronter une immense régression collective. Pourquoi haïr si fort les produits de traitement ? Depuis 1950 pourtant, leur toxicité moyenne a été divisée par 8,5 et les doses nécessaires à l'hectare par… 34 ! On ne traite aujourd'hui qu'en dernier recours, ne serait-ce que parce qu'ils coûtent de plus en plus cher. Depuis 1990, la quantité utilisée en France a été divisée par 3, alors que la production a été multipliée par 2.

Le plan Écophyto 2 prévoit encore de les réduire de moitié d'ici 2025. Est-ce compatible avec la mondialisation des bioagresseurs, dont le changement climatique exacerbe la pression, et le souhait de passer 15 % de la SAU en bio ? Les éleveurs peuvent-ils vraiment se passer de médicaments ? On reproche à l'élevage intensif de favoriser les zoonoses, ce qui est vrai dans les grandes concentrations asiatiques, où les foules humaines et animales cohabitent. Mais il ne faut pas oublier à quel point les maladies ravagent les troupeaux des éleveurs extensifs du Sahel ou des montagnes d'Asie centrale, pour lesquels l'intervention d'un vétérinaire équipé des traitements *ad hoc* fait figure de Messie. Et l'éleveur bio demande des dérogations pour administrer des antibiotiques quand une vache est malade. Sinon elle souffre inutilement. Et contamine tout le troupeau.

Pas un seul agriculteur honnête ne niera qu'on traite d'ailleurs beaucoup plus en bio qu'en conventionnel, parce que ça marche moins bien. Si la quantité de produits phytosanitaires utilisés en France a remonté après avoir considérablement baissé, ce n'est pas parce que les agriculteurs français sont « accros aux pesticides », comme on l'entend trop souvent, mais parce que la montée du bio et l'interdiction de molécules qui avaient fait la preuve de leur efficacité obligent les agriculteurs à multiplier les traitements !

25 % des 68 000 tonnes actuelles (contre 100 000 tonnes en 2000, mais 61 000 tonnes en 2010) correspondent à des substances autorisées à la fois en bio et en conventionnel, alors que le bio n'occupe que 10 % des surfaces cultivées ! Ni la nature, ni la santé, ni le portefeuille ne s'en portent mieux.

En matière de traitements d'ailleurs, la France n'est pas le mauvais élève si souvent dénoncé : alors que ses façades méditerranéennes et océaniques sont propices à une pression parasitaire que le réchauffement climatique exacerbe, et qu'elle assure le cinquième de la production européenne, elle n'arrive pourtant qu'au neuvième rang en Europe pour l'utilisation de phytos par hectare. C'est cette agriculture exemplaire que nous devons défendre.

Bien sûr, les phytos sont dangereux, c'est même leur fonction première : ils servent à se débarrasser de pestes indésirables ! En Inde, on se suicide beaucoup avec eux, notamment pour libérer sa famille de l'endettement provoqué par des prix bas, la misère et les prêts contractés auprès de l'usurier. Mais il ne faut pas confondre le danger et le risque : l'essence et la lessive sont dangereuses, mais personne n'est censé en avaler. Quand le citadin voit l'agriculteur déguisé en cosmonaute, il se met en colère. Mais heureusement qu'il se protège, puisqu'il applique des substances censées débarrasser ses cultures de ce qui est dangereux pour la santé !

Ce déchaînement contre les produits de traitement confine à l'irresponsabilité collective, surtout lorsque les études de long terme sur des cohortes nombreuses, comme l'étude Agrican menée par la MSA auprès de 180 000 agriculteurs pendant plus de vingt ans, montrent qu'ils vivent plus longtemps et en meilleure santé que la moyenne de la population française. En matière de cancers, leurs poumons, leur œsophage, leur vessie, leur foie sont moins affectés que ceux des autres catégories professionnelles. Mais ils présentent, il est vrai, une fréquence accrue de mélanomes (cancers de la peau et des lèvres, probablement dus à l'exposition au grand air), et de lymphomes, dont la corrélation avec l'utilisation de pesticides mérite en effet d'être approfondie. Les cas de maladies de Parkinson précoces plus fréquents chez les travailleurs agricoles que dans le reste de la population interpellent. Faut-il pour autant bannir totalement l'utilisation de produits de traitement, alors qu'il n'y a pas d'agriculture sans protection des cultures ?

Glyphosate et agriculture de conservation

La question du glyphosate, cet herbicide utilisé depuis quarante ans, déchaîne aujourd'hui les passions. La France voudrait l'interdire avant 2021 en raison de sa dangerosité supposée pour l'environnement et la santé. Pourtant, toutes les autorités sanitaires indépendantes, EFSA, ANSES, agences allemande, américaine, etc., ont rappelé son innocuité, dans les conditions normales d'utilisation. Toutes, sauf une, une agence rattachée aux Nations unies, le Centre international de recherche sur le cancer, ou CIRC, abréviation à la mesure de la tempête qu'il a suscitée en le déclarant cancérogène probable en 2015. Une étude de santé menée aux États-Unis pendant vingt ans auprès de 45 000 épandeurs agréés de glyphosate n'indique aucune augmentation de leur morbidité. Les traces prétendument retrouvées dans les urines des « pisseurs de glyphosate » ne le sont que par un laboratoire allemand proche des opposants à la molécule, tandis que les mêmes analyses auprès d'agriculteurs bretons par le CHU de Vannes ne donnent rien. En Californie, l'Agence américaine de protection de l'environnement a interdit en août 2019 à l'État de maintenir une réglementation datant de 2017, qui imposait la mention d'un éventuel risque cancérigène sur les étiquettes de produits contenant du glyphosate, car cette allégation était « fausse et trompeuse pour le consommateur ».

Comment la France peut-elle être ainsi vent debout contre cet herbicide, quand le glyphosate n'est utilisé sur son sol qu'en intercultures, pour se débarrasser des adventices, mais *jamais sur les cultures* ? Il n'existe pas en France de plantes génétiquement modifiées ayant intégré un gène de résistance à l'herbicide ; donc, quand un agriculteur en applique dans un champ, c'est pour se débarrasser des plantes indésirables qui y poussent. C'est pourquoi le glyphosate est indispensable dans ce qu'on appelle l'agriculture de conservation, où, pour protéger la structure et la faune des sols et y piéger le carbone, on ne laboure plus.

Le non-travail du sol, l'allongement des rotations, le semis direct sous couvert et la gestion des effluents d'élevage (ce qui suppose le retour de l'animal dans l'exploitation) sont les quatre piliers de l'agriculture de conservation. Les agriculteurs de conservation se sont débarrassés de leur charrue ! Mais cette suppression du travail du sol suppose pour l'instant le recours à des herbicides. De même, les cultures sur des pentes, des lieux enclavés, où la machine ne peut accéder, risquent de disparaître si on ne peut plus y agir contre les mauvaises herbes. Certes, de nombreuses structures réfléchissent à des alternatives durables, comme le réseau BASE (Biodiversité, agriculture, sol et conservation), l'APAD (Association pour la promotion d'une agriculture durable), l'ONG Earthworm, le réseau « Pour une agriculture du vivant »… Aller sur leurs sites respectifs est passionnant, tant la réflexion et les initiatives foisonnent. Mais pour l'instant, difficile de se passer totalement de glyphosate.

Vive les pavots !

Si le labour a été inventé en effet, c'était pour se débarrasser des plantes indésirables en les enfouissant. S'en priver, c'est se trouver confronté à de véritables problèmes d'adventices envahissantes et rebelles (dont ces chers coquelicots…). Le datura dans le maïs-fourrage menace les vaches nourries à l'ensilage, assurance pour l'éleveur d'avoir une nourriture abondante et de qualité en hiver. Des cultures indispensables pour nourrir les sols, utilisées aussi en dérobé puisque le paysan n'a plus le droit de laisser son champ nu en hiver, ne peuvent plus être valorisées, car elles sont envahies de toxiques : la luzerne se retrouve infestée de pâturins, les céréales colonisées par les chardons.

Certains agriculteurs regrettent aujourd'hui d'avoir vendu leur charrue : si le glyphosate est interdit, ils n'ont pas pour l'instant de solutions de remplacement aussi peu coûteuses, aussi peu dangereuses, et aussi efficaces – même si, malgré l'application de glyphosate, de nombreuses plantes ne tardent pas à repousser, preuve qu'il n'est pas si radical qu'on le dénonce. Le coquelicot, notamment, est une fleur particulièrement invasive et tenace qui, dans sa version *hard*, s'appelle pavot. Or, les structures sanitaires mettent déjà en garde contre la consommation de pain contenant trop de graines de pavot, en raison des effets alcaloïdes de la plante.

Peut-être, si le glyphosate est interdit, les paysans français devraient-ils se reconvertir dans les champs de pavot : beaux paysages et revenus assurés. Un pays le fait déjà d'ailleurs avec succès : l'Afghanistan. « Nous voulons des coquelicots » serait-il le cri de guerre d'héroïnomanes en puissance, soucieux de proximité et de qualité ? La quintessence du circuit court, directement du producteur au consommateur, et sans déforestation tropicale…

L'histoire de l'interdiction programmée du glyphosate en France contient en elle un risque majeur pour notre agriculture, à qui la décision va coûter très cher, sur tous les plans. Surtout si le reste de l'Europe continue de l'autoriser. Certes, elle sera à l'inverse très rentable pour les vendeurs de produits alternatifs, et notamment les promoteurs du biocontrôle, énorme marché de 24 milliards de dollars.

Beaucoup de structures opportunistes ont déjà flairé la bonne affaire, comme ces cabinets d'avocats américains rémunérés au pourcentage, qui multiplient les encarts publicitaires dans les journaux pour inciter les malades à porter plainte en imputant leur cancer à l'herbicide. La firme allemande Bayer, qui avait cru bon de racheter Monsanto pour créer un groupe mondial dans les semences et la protection des cultures, risque de payer lourdement l'avalanche de procès et d'indemnisations qui en résulte. Alors que les juges de première instance se muent de plus en plus (à rebours de leur véritable mission, qui est d'appliquer le droit et seulement le droit) en miroirs de l'opinion publique : leurs décisions de justice sont fondées plus sur l'émotion ou la morale que sur les textes juridiques. Du reste, ce sont souvent les instances judiciaires supérieures qui rectifient le tir, quand plus personne ne s'intéresse à la question.

Bayer, inventeur de l'aspirine en 1899, n'aurait d'ailleurs jamais pu bâtir le groupe mondial qu'il est devenu, essentiel dans la santé humaine, végétale et animale (une branche qu'il vient de vendre), s'il avait dû affronter autant de procès quand il a lancé ses comprimés à base d'acide acétylsalicylique, dérivé du saule, d'un médicament appelé l'aspirine. Aujourd'hui l'une des substances les plus consommées au monde pour ses vertus curatives est jugée, elle aussi, cancérogène probable par le même CIRC ! Comme le café, le sel de cuisine, la charcuterie, la viande au barbecue et, bien sûr, la pilule contraceptive perturbatrice endocrinienne notoire. Tous produits auxquels nous sommes infiniment plus exposés que le glyphosate…

Un herbicide bon marché difficile à remplacer

Aujourd'hui, toutes les données scientifiques montrant l'innocuité du glyphosate sont systématiquement déniées à cause de cette étude du CIRC datant de 2015. De nombreuses sources soupçonnent désormais cette institution des Nations unies d'avoir orienté ses conclusions en raison de conflits d'intérêts bien réels – certains de ses membres étant notoirement liés aux opposants au glyphosate. En disqualifiant cet herbicide utilisé depuis quarante ans dans le monde, très efficace et surtout très bon marché car tombé dans le domaine public en 2000, le CIRC a conforté les peurs d'une opinion publique qui exige désormais une autre agriculture. Le politique, sensible à ce qu'exige l'opinion publique, a suivi. La France a donc décidé de donner l'exemple au monde – une posture qu'elle affectionne – et d'interdire le glyphosate d'abord aux particuliers et aux communes depuis 2019, puis aux agriculteurs en 2021.

Du coup, tout le monde en stocke, car pour l'instant personne ne sait comment on pourra le remplacer pour se débarrasser des adventices qui concurrencent les cultures, avec souvent des plantes dangereuses ou indésirables. Les grands utilisateurs d'herbicides comme la SNCF et Réseau ferré de France se demandent comment ils feront quand les voies ferrées, privées des épandages de glyphosate, seront envahies d'herbes folles, y compris les jolis coquelicots, qui empêchent la mesure laser de l'écartement des rails et peuvent compromettre la sécurité des voyageurs. Comme les communes, la SNCF expérimente des robots défricheurs, le désherbage thermique à l'eau bouillante, et beaucoup d'autres méthodes, dont le point commun est d'être moins efficaces, plus coûteuses… et pas forcément meilleures pour la nature. Les communes doivent faire face à des coûts d'entretien beaucoup plus élevés. Leurs services techniques n'aiment pas particulièrement passer leur temps à biner les ronds-points et les bas-côtés. Le paysage urbain s'ensauvage, créant des gîtes propices à toute une faune discutable, tiques, rats, serpents… Et les graminées sauvages du bord des routes sont des réservoirs avérés de mycotoxines qui menacent les champs cultivés... Faut-il vraiment écouter les citadins, qui n'aiment pas le chant du coq ou des cigales quand ils passent leurs vacances à la campagne, déplorent les mouches liées à la présence des animaux, et même le pollen transporté par les abeilles, qui salirait le linge mis à l'étendage ? Supporteront-ils l'irruption de la campagne dans la ville ? Les rats ont déjà colonisé Paris et les punaises de lit bien des logements loués sur Internet... Non, la nature n'est pas si bonne.

Retour des pestes, fin des paysages

Ce qui arrive pour le glyphosate se généralise. Toutes les familles de produits de traitement sont progressivement mises en accusation et interdites. Résultat : les pestes prolifèrent. Et elles adorent la planète que nous allons laisser à nos enfants ! Les labyrinthes de buis historiques des châteaux de Lude dans la Sarthe, de Merville en Haute-Garonne, de Vaux-le-Vicomte ou de Villandry ont été dévastés par la chenille de la pyrale. Ni la confusion sexuelle ni la pulvérisation de produits qualifiés aujourd'hui de biologiques comme le Bt ne permettent d'en venir à bout.

Certains monuments historiques comme le château de Versailles ont obtenu des dérogations pour pouvoir continuer d'employer des insecticides interdits. N'est-il pas hypocrite d'autoriser à des structures qui reçoivent des visiteurs ce qu'on interdit aux agriculteurs dans leurs champs ? À moins de confier aux touristes cette combinaison de protection qui les met tellement en colère quand ils voient l'agriculteur la revêtir. Gageons que les petits vendeurs à la sauvette qui font des affaires devant le prestigieux château sauront aussitôt proposer aux visiteurs, à côté du parapluie, de l'imperméable et de la bouteille d'eau, la cotte de protection adéquate et le masque à la japonaise !

Si tout le monde se dit d'accord pour la sortie des pesticides, trouver des alternatives fiables et meilleures pour la nature demande des investissements, une recherche de pointe, un soutien sociétal. Le biocontrôle ouvre des pistes prometteuses… en préventif, car lorsque l'infestation est installée, il faut agir vite, sinon c'est une génération de pucerons en plus, et des dégâts considérables.

De nouvelles recherches comme l'écologie chimique, qui se fonde sur les mécanismes de défense naturelle des plantes, les phéromones, les associations protectrices, supposent des moyens considérables. Pour mettre au point une nouvelle défense efficace contre les bioagresseurs, il faut tester 160 000 molécules en moyenne, avec des dossiers d'homologation qui prennent plus de dix années à se constituer, au prix de millions d'euros d'investissement. Et sans aucune certitude qu'ils soient acceptés par des instances de sécurité sanitaire draconiennes !

La recherche s'effectue tous azimuts, dans une course de vitesse entre l'interdiction des anciennes molécules et la multiplication des menaces sur les cultures. Les insectes auxiliaires, coccinelles, syrphes, chrysopes et parasitoïdes contre les pucerons, carabes contre les ravageurs des sols, mais aussi, contre les rongeurs, les chauves-souris, les renards ou les belettes, sont redevenus des alliés précieux de l'agriculteur. Ils éliminent chacun des milliers de campagnols, mais aussi, quand on leur donne l'occasion parce qu'ils sont de plus en plus élevés en plein air, les poules et les lapins, ce qui leur vaut d'être considérés comme nuisibles et chassés.

Face aux taupins, à la sésamie, à la pyrale, à l'oscinie, à la géomyze, à la chrysomèle, aux scutigérelles – bioagresseurs dont l'opinion publique n'entend pas suffisamment parler –, l'agriculteur, privé désormais de molécules efficaces, se trouve désarmé. L'abandon des néonicotinoïdes a entraîné la fin des semences enrobées. Il existe des alternatives comme les microgranulés de pyréthrinoïdes (en attendant qu'ils soient interdits à leur tour ?), qu'il faut déposer pile dans le rang, à côté du semis, avec une précision millimétrique, ce qui suppose des machines *ad hoc*, donc des investissements conséquents.

Mais le consommateur est-il prêt à ouvrir son portefeuille pour rester cohérent avec les exigences du militant ? Posons la question aux Gilets jaunes, qui ont précisément manifesté contre la cherté de la vie et la multiplication des restrictions et des contrôles…

Trouver des solutions de rechange

Est-ce que les maires, au lieu de multiplier arbitrairement les arrêtés antipesticides qui ouvrent la voie à toutes les infestations, ne devraient pas plutôt cesser de lotir inconsidérément leur commune, rendant constructibles des terrains situés au cœur du parcellaire agricole… pour empêcher ensuite les agriculteurs de travailler ? Bâtir une école au milieu des vignes, c'est une aberration. Même si le viticulteur est en bio, il lui faut traiter sa vigne, et souvent. Consulter les Français sur les zones de non-traitement sans leur expliquer parfaitement les enjeux agricoles et sanitaires de l'interdiction des « pesticides » est parfaitement hypocrite.

Le risque d'une perte considérable de SAU, d'un découragement des producteurs, et finalement du retour des friches et des broussailles en France est bien réel. On parle aujourd'hui de distance de sécurité de 10 mètres, ou de 5 mètres, après avoir évoqué quelque temps… 150 mètres, ce qui aurait privé la France de 4 millions d'hectares de terres cultivées ! Alors que, comme le monde entier, elle souffre déjà de l'artificialisation des sols et du mitage excessif du parcellaire. Tout cela ressemble à une politique du doigt mouillé qui faseye au gré de l'opinion publique. D'autant que traitements ne veut pas dire toxique, il veut dire protection contre les atteintes à la santé des plantes et des animaux que nous consommons, donc à notre santé.

Les techniques de détection des résidus permettent aujourd'hui de trouver l'équivalent d'un sucre dans une piscine olympique, sans le moindre risque pour la santé. Chaque jour, nous appliquons sur notre peau un grand nombre de substances (cosmétiques, hygiène, lessive, désodorisants…) qui contiennent infiniment plus d'allergènes et de perturbateurs que ce que le pauvre agriculteur, cerné de toutes parts par les attaques et les contrôles, s'autorise, juste pour nous nourrir sainement… malgré nous.

Il faut souhaiter que ceux qui s'arc-boutent contre les pesticides au nom de notre santé ne fument pas, ne vivent pas dans une maison en granit, et bannissent l'argile, ce vénérable produit miracle des partisans de la naturalité… Dont on découvre aujourd'hui qu'insuffisamment purifié, il peut être farci de micro-organismes pathogènes dangereux à l'application, et plus encore à l'ingestion, avec en outre des risques de contamination au plomb ! Il ne faut pas non plus prendre le métro, ni vivre dans une maison super-isolée à énergie positive, généralement transformée en boîte de conserve sous vide : les milieux confinés sont saturés de polluants.

En passant au crible chacun de nos gestes, de nos pratiques, nous serions horrifiés par tous les risques auxquels nous nous exposons. La vie est une maladie mortelle. Naître, c'est devoir mourir. On nous apprend désormais que dormir trop longtemps est dangereux pour la santé, que finalement les personnes en léger surpoids mais actives se portent mieux que les personnes trop maigres… La peur et les injonctions contradictoires sont devenues omniprésentes. Pourtant, les habitants des pays développés ont l'espérance de vie la plus longue du monde. Cherchez l'erreur.

Dans une France dont la qualité de l'alimentation est telle que les pays émergents sont avides de ses produits, et pas seulement les vins, les fromages et les céréales, qui assurent l'essentiel de ses recettes d'exportation agroalimentaires, mais aussi les fruits et les légumes, les viandes, le lait et les fromages ; une France qui bat des records de longévité, les Français sont devenus les procureurs les plus impitoyables de leur agriculture. Cessons de faire peur pour rien !

Ce qui ne veut absolument pas dire que la science, la médecine, l'agronomie doivent cesser de progresser, quitte à remettre en question des croyances et des certitudes bien ancrées. Aujourd'hui, pas une filière, pas une exploitation qui ne s'interroge sur l'emploi de ces fameux produits phytosanitaires, qui ne tente d'en limiter l'utilisation, ne serait-ce que pour des questions de coût, explore de nouvelles pistes, dans les institutions de recherche et les fermes expérimentales. Des chercheurs français (École polytechnique, CNRS, Sorbonne) ont ainsi mis au point un herbicide naturel puissant, la radulanine, qui pourrait servir de substitut au glyphosate… Mais on manque encore de recul sur ses effets dans la nature. Et il existe une contradiction majeure : la France, qui s'est dotée d'une réglementation particulièrement exigeante, interdisant un nombre toujours croissant de molécules, et qui vient d'instaurer la séparation du conseil et de la vente en matière de phytos, achète massivement, notamment pour la restauration publique, où le critère du prix reste déterminant, des produits venus de pays où de telles restrictions n'existent pas !

Les paysans français ont le sentiment d'être les dindons de la farce, surtout quand l'Europe conclut avec l'Amérique (CETA et peut-être Mercosur) des accords commerciaux qui prévoient l'importation de grandes quantités de produits agricoles élaborés dans des conditions interdites sur le sol européen. Le quart des pesticides utilisés aux États-Unis est interdit en Europe, tout comme 22 des 26 molécules employées pour le traitement des cultures au Brésil ! Même au sein de l'Union européenne, les normes sociales et environnementales imposées aux producteurs français ne sont pas toujours respectées dans les produits importés de ses voisins. Selon le rapport 2019 du sénateur Laurent Duplomb, entre 5 et 10 milliards d'euros de produits agricoles entrent ainsi chaque année illégalement en France, exerçant une pression à la baisse sur les prix.

Réduire les traitements, connaître exactement les besoins des plantes, oui ; prévenir les infestations en appliquant la bonne dose au bon moment, et pas plus, bien sûr ; former les agriculteurs des pays tropicaux pour qu'ils en fassent un usage plus modéré et cessent de s'empoisonner et d'abîmer leur environnement, évidemment. Mais comment discréditer ces produits phytosanitaires qui ont permis de lutter contre des maladies et des contaminations redoutables, d'éviter des pertes considérables ?

Il est mensonger d'opposer, d'une part, les productions issues de l'agriculture dite conventionnelle, accusées à tort d'être insipides et dénaturées, qui sont peu chères parce que les producteurs jouent sur les quantités produites pour baisser les prix unitaires, et, d'autre part, des produits qui seraient forcément meilleurs et plus vertueux parce qu'obtenus en petite quantité par des fermes soucieuses avant tout d'environnement et de qualité, et qui peuvent vendre cher à un petit nombre de *happy few*. Le dilemme n'est pas si binaire : les produits de l'agriculture conventionnelle sont à la fois sûrs et sains, abondants et pas chers. Ils ne cessent d'évoluer et les deux modes de production, biologique et conventionnel, travaillent de plus en plus en partenariat, pour expérimenter des solutions plus naturelles, plus propres. Le but : une agriculture performante, raisonnée, n'utilisant les traitements que s'ils sont nécessaires, en les appliquant de façon mesurée ; la bonne dose, calculée au plus juste, au bon moment, avec une connaissance très précise des besoins des plantes, des pulvérisateurs soigneusement contrôlés, des buses antidérives pour éviter d'aller asperger le voisin.

Chartes de bonne conduite et contrats intégrés de territoires

Certes, il est toujours possible d'améliorer encore les pratiques, il faut le faire, et la pression sociétale est telle qu'elle oblige les agriculteurs à revoir sans cesse leurs méthodes. Mais ne regardons pas ceux qui nous nourrissent comme des ennemis ! Il est beaucoup plus judicieux de contractualiser à l'échelle des territoires des chartes de bonne conduite, de pratiquer la concertation, de permettre aux agriculteurs et au reste de la population de se rencontrer, de se comprendre et de se réconcilier.

Les organisations écologiques doivent participer à cette réconciliation, car seul le consensus, sur des référentiels et des objectifs adoptés en dialoguant et en échangeant, peut permettre de progresser, d'atteindre cette nouvelle agriculture que tous souhaitent. Certaines ONG le font déjà avec beaucoup de sagesse, passant avec le monde rural des partenariats constructifs, fondés sur des contrats intégrés de territoires élaborés en commun.

Il faut sensibiliser aux nécessités du travail agricole ces néoruraux qui viennent s'installer à la campagne parce qu'ils l'aiment, mais sont furieux de voir travailler ceux qui précisément permettent de la rendre belle. Qui ne supportent ni les tracteurs qui encombrent les routes (mais les ouvrent aussi quand il neige, et sortent charitablement les voitures tombées dans les fossés et les mares), ni l'installation près de chez eux d'une porcherie ou d'un poulailler, même biologiques, considérant comme d'insupportables nuisances les bruits des animaux vivant en liberté et les mouvements générés par leur élevage.

L'agriculteur doit retrouver pleinement sa place au cœur de nos vies, sans être perçu comme indésirable. Bien installés dans notre confort, nous, qui ne manquons plus de rien, considérons à tort la nature comme « naturelle », alors qu'elle n'est que le résultat d'un patient travail humain.

Bien sûr, toutes les solutions alternatives sont compliquées à mettre en œuvre. Mais il faut plus d'écoute et de tolérance, y compris au sein du monde agricole, où les divisions syndicales ouvrent parfois de profondes brèches. Quand le syndicat agricole majoritaire propose des « contrats de solution » et se lance résolument dans le biocontrôle, entre autres solutions destinées à permettre la sortie à terme des « pesticides », cela veut dire que ses membres, appartenant à tous les modes de production et à toutes les régions de France – contrairement à l'image caricaturale qui en est trop souvent donnée –, sont conscients de la nécessité d'évoluer. Arrêtons de méconnaître nos paysans, de les prendre pour des ignorants ou des irresponsables, alors que leur compétence requise est telle, la technicité de ce qu'ils mettent en œuvre si complexe, qu'ils n'arrivent même plus à trouver les termes pour nous expliquer leur travail !

Que l'agriculteur en vienne à s'excuser de produire pour nous nourrir est une tragique aberration.

Écouter le consommateur… sans mentir ni se renier

Certaines coopératives misent aujourd'hui sur les fruits et légumes « zéro pesticides ». C'est une formulation qui témoigne d'une certaine tendance du monde agricole à jouer le chacun pour soi pour s'en sortir face à la défiance sociétale, le « je suis meilleur que le voisin ». Si je suis en effet « zéro pesticide », cela veut dire en creux que mon concurrent, lui, vous empoisonne avec les siens. Ce qui n'est évidemment jamais le cas. En France, le concurrent respecte lui aussi scrupuleusement les LMR (limites maximales de résidus) autorisées, et il s'en tient même très loin pour ne pas s'exposer à la critique. Il faut dire la vérité et considérer le consommateur comme responsable et suffisamment intelligent pour comprendre le dilemme. Veut-il une agriculture hors-sol, emmaillotée dans du plastique ou sous serre, pour être sûr de ne pas voir de près ou de loin ces satanés pesticides ? Ou vaut-il mieux lui expliquer qu'on est obligé de traiter, mais avec le plus de parcimonie possible, avec des produits sélectifs et utilisés en quantité infinitésimale, si on veut produire dans la nature ? Que l'agriculture crée aussi des paysages, des fleurs, soigne abeilles et oiseaux, et qu'il vaut mieux agir dans le plus grand respect de son environnement, au lieu de s'en abstraire en produisant un milieu totalement artificialisé ?

Les pomiculteurs du Limousin, qui produisent la seule pomme AOP de France, une Golden de premier choix, ont été parmi les premiers à créer des chartes de bonne conduite avec les riverains. Les viticulteurs du Bordelais leur ont emboîté le pas. Leur vignoble est intégré dans un système de management environnemental.

La promotion du « zéro pesticide » joue sur les peurs en les confortant et fait un argument marketing de ce qui n'est qu'une obligation légale. Il faut lire les petits caractères – le diable se niche toujours dans les détails – pour comprendre les limites exactes du cahier des charges. La multiplication des labels dits « sans résidus de pesticides » chez des producteurs de légumes excellents, tels Savéol, Solarenn, Prince de Bretagne, Bonduelle, Rougeline (qui a été précurseur en la matière), montre combien l'agriculture se donne comme objectif de répondre aux attentes des consommateurs. Mais attention, quand il faut produire sous serre, pas de légumes bio en hiver puisque la serre chauffée a été interdite en bio… Et s'il faut les importer, parlons alors du bilan carbone et de la douteuse « bioéquivalence ».

La lutte intégrée, l'environnement contrôlé, le nombre toujours croissant de certifications HVE (haute valeur environnementale), tout cela va dans le bon sens et le consommateur a tout à y gagner. Mais n'alimentons pas inutilement ses angoisses ! Les grandes surfaces, comme les coopératives, ont toutes créé des lignes d'excellence qui permettent de vendre très cher des produits présentés comme hors norme, mais qui, en réalité, ne font que respecter la législation… tout en dézinguant la concurrence. Il ne peut pas y avoir une agriculture de riches et une agriculture de pauvres.

Face aux attaques sociétales, le monde agricole devrait la jouer solidaire et collectif, expliquer sa démarche et rassurer le consommateur inquiet. Il est dangereux pour les producteurs, les syndicats, les modes de production, les différentes filières, les différentes régions de se mettre mutuellement en rivalité pour acquérir un brevet de respectabilité. Cette stratégie me paraît erronée parce qu'elle alimente la suspicion et que le consommateur met tout le monde dans le même sac (coucou Biocoop !).

Après avoir parcouru la France dans tous les sens et visité un grand nombre de structures, je peux attester que l'évolution vers toujours plus d'exigence environnementale caractérise la totalité du monde agricole, des producteurs de betteraves aux éleveurs de porcs. Notre agriculture est sûre, saine et durable quelles que soient la région et la filière de production.

Pour pouvoir rassurer le consommateur inquiet, il faudrait que les agriculteurs, en dépit de leur diversité, soient plus solidaires, entre syndicats, entre filières, entre régions, entre modes de production, puisque, au fond, ils sont tous embarqués sur le même bateau. C'est une nécessité vitale pour sauver ce métier, l'un des plus beaux et des plus nobles du monde.

Tout doit être mis en œuvre pour préserver notre chevalerie protectrice, sans laquelle nous ne pouvons envisager l'avenir avec sérénité.

9

Être un bon paysan ne s'improvise pas

Toutes les filières font leur examen de conscience. Les maïsiculteurs se dotent de critères de durabilité environnementale et sont convaincus que leurs champs de maïs, peu gourmands en produits de traitement et abritant une grande biodiversité animale, malgré l'apparente uniformité du champ, peuvent être les plantes de l'intensification écologique : nourrir bien l'humanité, en protégeant les sols et en captant le dioxyde de carbone. Les producteurs de luzerne, les arboriculteurs, les planteurs de betteraves, qui ont réalisé des prodiges dans la gestion économe de leurs intrants, en sont eux aussi persuadés : une bonne agriculture peut sauver le monde.

Partout, dans toutes les régions, dans tous les secteurs, de nouvelles pratiques éclosent, fondées sur l'innovation, l'économie circulaire, la limitation des gaz à effet de serre, l'adaptation des territoires au changement climatique, l'anticipation des producteurs face aux modifications réglementaires liées aux attentes sociétales.

Dans leur immense majorité, les agriculteurs sont des

personnes informées et responsables. Ils savent qu'ils produisent sainement, que leurs produits sont bons et sûrs. Ils aiment profondément leur terre et veillent au bien-être de leurs bêtes, condition de la bonne marche de leur exploitation. Leurs choix sont toujours dictés par la connaissance agronomique, le respect de la réglementation, et puis, bien sûr, la nécessité de pouvoir vivre de son travail.

Mais on ne les entend plus. Pire : on les insulte, on les suspecte, on les méprise, on leur donne des leçons de nature. Les taux de suicide explosent dans la profession, les abandons aussi.

Face aux attaques, la première réaction du monde agricole a été de camper sur son bon droit, persuadé d'agir pour l'intérêt général. Mais après avoir longuement tenté d'expliquer le bien-fondé de ses pratiques, il a compris qu'essayer de rationaliser, de se justifier, d'expliquer à quel point il ne travaillait qu'au service de la santé du consommateur, dans le respect de normes intransigeantes, était devenu inutile.

Pire, ses explications, souvent trop techniques pour le grand public, renforçaient le doute de consommateurs habitués à tout remettre en question, à soupçonner des complots cachés, des collusions secrètes. Quand il disait efficacité et performance, on entendait productivisme. Quand il parlait des phytosanitaires, de la nécessité de soigner les plantes et les animaux comme les humains, on lui répondait pesticides, poisons, agro-industrie, Monsanto.

Ceux qui veulent continuer malgré tout ont compris qu'ils n'avaient plus le choix : il leur fallait s'adapter. Se reconnecter avec l'opinion publique, entendre ses peurs et ses attentes. Tenir compte de ses fantasmes.

Vers des tracteurs intelligents

S'adapter, le paysan sait faire. Dans l'histoire de l'humanité, il a toujours dû s'adapter. À la météo capricieuse, aux ravageurs en embuscade, à la danse des prix, aux exigences des acheteurs. L'insécurité climatique, économique, politique est son quotidien.

Une immense mutation s'est emparée du monde agricole. Peu à peu les coopératives, qui assurent près des trois quarts de l'alimentation française, ouvrent des lignes et des silos bio, acceptant des productions plus limitées, plus incertaines et plus chères, puisque c'est ce que veut le consommateur et qu'elles n'ont de toute façon plus le choix.

Des sommes considérables sont investies dans l'agriculture connectée, le binage de précision, la robotique, les capteurs, tout ce qui permet de remplacer la chimie sans revenir à la pénibilité d'antan. Ce qu'on appelle les outils d'aide à la décision, l'intelligence artificielle – avec ses capteurs, ses algorithmes et ses machines de plus en plus sophistiquées – se sont emparés de l'agriculture. Ainsi, pour répondre à l'engouement pour l'agroécologie, fondée sur l'association des plantes, de nouveaux semoirs à trois trémies permettent d'implanter simultanément trois plantes différentes dans le même champ !

Le biocontrôle, qui repose sur la capacité de la nature à développer ses propres défenses, progresse, et c'est un secteur qui demande des recherches si pointues qu'il se révèle à forte intensité capitalistique. Les drones lâchent des trichogrammes dans les champs de maïs pour lutter contre la pyrale, les capteurs optiques permettent de trier les associations de plantes, pilier de l'agroécologie, les robots défricheurs de se passer de désherbants chimiques.

L'infinie ingéniosité des fabricants de matériel – écouter Mickaël Horsch parler de son métier est une expérience fascinante – et des nouvelles start-up de l'agriculture déploie une palette incroyable d'innovations, qui donnent le sentiment que l'agriculture de demain sera high-tech, 5.0, et les agriculteurs des « ageekculteurs », qui pourront piloter leur exploitation depuis leur smartphone, des écrans de contrôle, des capteurs et des caméras. Certains s'y livrent avec délice car l'agriculteur a toujours adoré la technologie, les machines les plus spécialisées et les plus élaborées. Les nouveaux agriculteurs sont de plus en plus diplômés, ils maîtrisent les technologies les plus avancées.

En quête permanente d'innovations, le monde agricole court les salons spécialisés, comme en France, Innov-Agri (dans le Loiret, à Ondes) ou Tech et Bio (dans la Drôme, à Valence), ou en Allemagne, Agritechnica à Hanovre. Il n'hésite pas à acquérir, surtout lorsqu'il peut travailler en CUMA, les nouvelles machines du futur aux technologies embarquées, moissonneuses-batteuses avec régulation automatique des organes de battage, nouveaux tracteurs équipés de GPS d'une précision centimétrique pour la cartographie des parcelles… Il s'agit d'apporter aux parcelles cultivées des soins personnalisés selon leurs caractéristiques : nature des sols, pente, exposition, carences… À la clé, une consommation d'intrants moindre et plus appropriée, des pulvérisations ultra-ciblées ; les mauvaises herbes sont détectées par infrarouges et détruites au centimètre près, même de nuit, à une vitesse de déplacement qui peut atteindre 20 km/h ! Les tracteurs sont devenus intelligents… Qui imagine aujourd'hui la technicité des campagnes ?

Ce qui se passe dans les cultures touche aussi l'élevage, avec la gestion environnementale des élevages porcins, les capteurs, les vaches équipées de colliers connectés, pour surveiller leur cycle de reproduction, l'imminence du vêlage et donner l'alerte en cas de problèmes de santé… Le robot de traite libère l'éleveur de la sujétion permanente aux horaires, en lui donnant plus de temps pour s'occuper de son cheptel sans être astreint à la pénibilité physique de la traite. Et les vaches, massées, nourries, traites quand elles le souhaitent, semblent apprécier aussi le confort procuré par l'informatisation.

Le risque d'une agriculture déshumanisée

Mais toutes ces machines coûtent cher, elles demandent des matériaux et des technologies qui mettent l'Europe à la merci des métaux rares et des serveurs qu'elle ne maîtrise pas et qui la rendent dépendante de la Chine et des États-Unis.

Chacune d'entre elles est un petit bijou de technologie, et si les pionniers de la profession sont fiers d'avoir acquis de telles vitrines de leur ouverture au progrès, ce sont des investissements très importants – le prix d'une villa pour un robot de traite ou un tracteur connecté dernier cri. Il faut des financements qui supposent des emprunts, une prise de risque, d'autant que l'avancée de la connaissance rend les machines rapidement obsolètes. Il faut aussi les paramétrer, ce qui demande de longs travaux préparatoires et rend l'utilisateur dépendant des concepteurs, du service après-vente, des hotlines… Et leur utilisation est toujours délicate et chronophage.

Et puis combien de zones blanches encore dans les campagnes, où le téléphone portable ne capte pas le réseau, où le débit d'Internet est misérable… Prétendre que le digital va sauver l'Afrique, c'est oublier que la grande majorité des paysans n'a toujours pas accès à l'électricité ! Même dans les pays les plus avancés, une machine connectée dépend non seulement de la couverture satellitaire, mais elle reste aussi vulnérable. Un orage magnétique, et elle peut tomber en panne, ce qui est dramatique en élevage, quand les distributeurs automatiques d'aliments et la traite automatisée cessent brutalement de fonctionner.

Bien sûr, ces machines sont formidables et ouvrent de nouvelles perspectives à une agriculture d'avenir, qui réponde au désir des urbains d'écosystèmes de plus en plus riches en biodiversité et économes en produits de traitement sans revenir à la pénibilité et aux pertes d'antan. Bien sûr, il est tout à fait possible d'imaginer une agriculture modèle, propre, écologiquement parfaite, pilotée à distance par des robots, des machines, des capteurs. Une agriculture se déployant dans de grandes plaines désertées, où s'activeraient des engins commandés à distance depuis des bureaux urbains, des animaux élevés dans des usines verticales où ils ne verraient jamais un visage humain, voire des usines-laboratoires où de la viande de synthèse serait fabriquée industriellement, par des procédés biochimiques, aliments ultra-transformés dont les vertus nutritionnelles et la dimension écologique restent à prouver. Pour nourrir les 10 milliards de personnes qui peupleront la terre dans trente ans, dont plus des deux tiers vivront en ville, l'agriculture s'engage déjà dans ce processus, de plus en plus technicisé. La *foodtech* de demain n'aura rien de naturel, et son respect de la nature peut être questionné. Nous sommes aux antipodes des discours sur la nécessité d'une agriculture plus vraie… et pourtant, c'est pour répondre aux attentes d'urbains désireux de se passer de la chimie que de tels process sont imaginés !

Rien ne remplace le bon sens paysan

Cette vision futuriste d'une agriculture de robots et de machines, que donnent déjà à voir des films comme *Interstellar*, de Christopher Nolan, est inquiétante. Elle risque d'enfermer l'agriculteur dans un endettement insurmontable, si les prix ne sont au rendez-vous, ou de confier l'agriculture à des ingénieurs, en perdant l'acquis irremplaçable de l'expérience humaine. Quand la machine tombe en panne, l'homme doit pouvoir prendre la relève. Pas plus que nos vies, l'agriculture ne peut être dématérialisée. Le bon sens paysan reste indispensable. Et sa présence physique dans les campagnes, une nécessité. Renoncer à la capacité d'évaluation, à l'expérience de l'être humain, à sa capacité à gérer l'inattendu, c'est mettre en danger notre souveraineté alimentaire. Et notre santé.

Sans le bon sens paysan, sa capacité de prise de décision humaine face à toute situation qui dévie des logiques des programmateurs, ses savoirs, acquis par la connaissance de son métier et l'expérience, nous serons en grand danger.

Le paysan reste le pilier de l'agriculture. Nous aurons toujours besoin de professionnels expérimentés, parce que leur métier n'est pas seulement de nous nourrir, le plus efficacement possible, le moins cher possible, le mieux possible. Il est aussi d'assurer une présence, des territoires vivants, des paysages humanisés, une capacité d'accueil et d'humanité, pas des campagnes sans plus personne, déserts humains gérés par des machines.

La campagne, c'est un lieu de vie, la beauté de paysages façonnés par des familles, la possibilité de rencontres et de liens, le bonheur de se ressourcer en se reconnectant avec la nature, par le truchement de son meilleur médiateur, le paysan. Ce à quoi répondent des mouvements comme Bienvenue à la ferme ou le réseau des gîtes ruraux, qui connaissent un engouement croissant.

Voilà pourquoi il ne faut pas décourager les bergers en livrant les campagnes au loup, qui égorge les brebis, ou à l'ours, qui menace les promeneurs et dévaste les ruches. Nous ne sommes pas dans la nature sauvage et âpre des grands espaces d'Amérique du Nord, qui peuvent d'autant plus exalter la *wilderness* qu'ils ont chassé de leurs parcs naturels leurs occupants historiques, les Indiens. Nous sommes en Europe, dans une nature humanisée, apprivoisée, sereine, belle à regarder et qui doit rester agréable à vivre.

Or, qui sculpte la nature, sinon le paysan ?

Voilà pourquoi il faut tout mettre en œuvre pour que les agriculteurs aient la possibilité et l'envie de rester dans les campagnes, en garantissant la couverture électronique du territoire et le maintien de services essentiels de santé, d'éducation, de transports.

L'irrigation, une absolue nécessité

Chaque année ou presque, pas une région du monde où une sécheresse ne compromette les cultures. L'été 2019 a été particulièrement sec en France, les éleveurs ont souffert, le fourrage a manqué, obligeant à attaquer prématurément les réserves de l'hiver. Partout, les années difficiles se multiplient. Le changement climatique accentue l'intensité des sécheresses, mais aussi la violence des tempêtes, des cyclones, des pluies soudaines et dévastatrices. L'irrégularité des précipitations et la multiplication des canicules font qu'un pays ne peut plus se reposer sur l'agriculture pluviale pour espérer se nourrir en toute sécurité.

Irriguer, c'est prévoir. Dans l'histoire de l'humanité, l'irrigation a toujours été déterminante pour assurer la prospérité des civilisations, et les chercheurs pensent aujourd'hui que les Mayas ont disparu avant même l'arrivée des conquistadores parce qu'ils ont dû affronter une période particulièrement sèche de plusieurs siècles, qui a désorganisé leurs minutieux systèmes agricoles et leurs structures sociales.

Les révolutions vertes ont été celles de l'irrigation. Et si 55 millions d'hectares étaient irrigués dans le monde en 1950, ce sont aujourd'hui 280 millions, qui ne représentent certes que 18 % des terres cultivées mais assurent près de 40 % de la production. L'horticulture, le maraîchage, les vergers ont absolument besoin d'apports réguliers d'eau pour que leurs productions soient belles et conformes aux attentes des acheteurs. Même des régions traditionnellement très humides, comme l'Irlande ou la

Bretagne, doivent aujourd'hui anticiper le risque de longs mois secs en été.

Les pluies ne tombent pas moins, elles tombent différemment, abondantes lorsque l'on n'a pas besoin d'elles, en hiver notamment, insuffisantes en pleine période où l'herbe et les cultures doivent pousser. Les agriculteurs en sont conscients et adoptent des stratégies d'esquive : semer plus tard, choisir des variétés plus résistantes. Mais on ne peut pas inventer l'eau qui manque. Il faut donc la stocker quand elle tombe, pour ne pas épuiser les nappes souterraines fossiles, prévoir des systèmes d'irrigation élaborés dans le but d'optimiser la gestion de l'eau : chaque goutte doit être utilisée de la façon la plus efficiente possible.

Beaucoup de pays continuent de gaspiller massivement l'eau, car les réseaux d'irrigation ne sont pas entretenus, occasionnant des pertes considérables. Les pratiques sont souvent inadaptées parce que la ressource semble d'autant plus gratuite et inépuisable que les utilisateurs ne la paient pas : elle est largement subventionnée, comme l'électricité qui fait tourner les pompes.

Mais dans les pays les plus avancés au contraire, l'irrigation a considérablement évolué : fini le temps où l'on aspergeait les champs avec prodigalité ! La concertation entre les différents utilisateurs, en concurrence pour l'utilisation de la ressource, un meilleur pilotage des outils d'irrigation, beaucoup plus précis et mieux paramétrés que par le passé, et une connaissance pointue des besoins des plantes ont permis de diminuer de moitié la quantité d'eau requise pour obtenir la même production.

Stocker l'eau

La constitution de réserves d'eau s'impose. Pourtant, construire des retenues est devenu de plus en plus compliqué. Partout les populations se mobilisent. Pas seulement contre les grands barrages, comme en Inde ou au Brésil, où les pouvoirs publics doivent désormais composer avec les populations locales, réduire au maximum l'emprise de l'infrastructure, prévoir des indemnisations et des aménagements. Toutes ces contraintes, dont la nécessité ne peut être contestée, renchérissent considérablement les factures, mais elles conditionnent l'acceptabilité sociale du barrage, et tous les nouveaux projets sont désormais soumis à des études d'impact environnemental et social.

Toutefois, l'idée que les paysages ne doivent pas changer – alors même qu'ils sont des héritages – et la certitude qu'ils représentent un optimum qui ne doit pas être remis en question se sont imposées dans l'opinion publique au détriment des réalités géographiques et rendent de plus en plus difficile toute nouvelle réalisation. Même les réservoirs modestes, comme en Aquitaine, Sivens, sur le Tescou, un affluent du Tarn, ou Caussade, dans le Lot-et-Garonne, suscitent l'indignation, la création de « zones à défendre », la colère citoyenne. Amnésie toujours. Hier, on ennoyait en France des vallées entières pour créer les immenses lacs de barrage de Sainte-Croix, de Vouglans, du Salagou et de Serre-Ponçon. Ou le lac du Der, qu'on appelle aujourd'hui la « mer champenoise », destiné à protéger Paris des crues de la Seine, après la grande crue de 1910 (celles de 2016 et 2018 font craindre des épisodes de plus en plus fréquents…). Toutes ces retenues sont devenues des lieux prisés et attractifs pour les touristes, les pêcheurs, les sportifs… Et même des ZNIEFF (zones naturelles d'intérêt écologique, faunistique et floristique) désormais classées. Mais on ne pourrait plus les réaliser aujourd'hui.

Oui, l'amnésie a fait son œuvre : hier, on savait qu'il fallait réguler les inondations dévastatrices. Les excès de la Durance, de la Loire paniquaient les populations. De grands périmètres irrigués ont pu ainsi être facilement créés dans des pays de sécheresse, le Languedoc, avec la compagnie d'aménagement du Bas-Rhône, la Provence, avec la société d'aménagement du canal de Provence… Le monde pouvait, partout, se livrer à de grands travaux, parfois pharaoniques, comme le barrage d'Assouan, qui a sauvé l'Égypte, pays où la quasi-totalité de la population s'agglutine sur 6 % du territoire. Ou bien l'aménagement du Rhône, en France, à la même époque : qualifiée de « Suez français », la construction du canal et des barrages de Donzère-Mondragon avait un triple but, discipliner le fleuve, produire de l'électricité, irriguer la vallée du Rhône, pour cultiver des fruits, des céréales, des légumes. Seuls les pays autoritaires se livrent désormais à de telles réalisations, en imposant de massifs déplacements à leur population, la Chine avec les Trois-Gorges, l'Éthiopie avec le barrage de la Renaissance sur le Nil (qui impacte les onze pays du bassin, à commencer par le Soudan et l'Égypte), ou la Turquie, lancée dans un immense programme de barrages sur l'Euphrate, au détriment des pays situés en aval, la Syrie et l'Irak.

Aujourd'hui, dans les pays démocratiques, tout projet suscite une forte opposition sociétale. Même pour créer ce que les agriculteurs appellent une « bassine », simple réserve d'eau, telle une retenue collinaire, des associations se créent, mobilisent la population, manifestent. Pourtant, lorsqu'elle existe, une réserve d'eau est toujours un atout : elle crée de la biodiversité en attirant un grand nombre d'animaux, une zone de loisirs, un paysage enchanteur et riant. Et les pouvoirs publics ne tardent pas à la classer en zone naturelle !

Personne ne se souvient plus de l'avant. La Venise verte du Marais poitevin, la Dombes, la Camargue… Les sites les plus attractifs résultent de l'action d'aménagement humaine. Mais il existe désormais une vision figée des écosystèmes, qu'il ne faudrait surtout pas modifier, alors qu'ils évoluent perpétuellement, sous l'action de forces diverses : interventions humaines, changement climatique, arrivée de nouvelles espèces… Les agriculteurs sont pris au piège de cette vision « fixiste ». Pire encore : on détruit les aménagements des fleuves, on dépoldérise, au nom du principe de compensation et de réconciliation avec la nature, laissant entrer l'eau de mer que les sociétés passées ont mis des millénaires à combattre.

Pourtant, sans l'eau douce d'une irrigation intelligente, sans l'utilisation raisonnée de la pluie qui tombe du ciel pour retourner à la mer, non seulement le monde ne se nourrira pas demain, mais il ne sera pas en mesure de trouver des solutions de remplacement à la chimie et à l'énergie fossiles. Le végétal détient les promesses de la transition écologique. De nombreuses plantes offrent des alternatives prometteuses et renouvelables.

La France se veut ainsi leader mondial en produits biosourcés. En partenariat avec Arvalis-Institut du végétal, des pôles de compétitivité se développent partout sur son territoire afin de tirer le meilleur de l'agriculture. Agri Sud-Ouest Innovation, Industries et Agro-Ressources dans le Grand Est, Qualimed en Occitanie, Végépolys Valley pour l'Ouest, Vitagora en Bourgogne… L'agriculture et l'agroalimentaire sont bien loin de rester immobiles face aux immenses débouchés offerts par toutes les valorisations de la nature, ouvrant de nouvelles perspectives nourricières et écologiques à un pays qui reste très attaché à ses terroirs, leur patrimoine et leurs bons produits.

Sa Majesté le maïs

Le maïs, dont la France est le premier producteur européen, en représente l'un des principaux piliers. Ceux qui affirment qu'il faut remplacer le maïs par du sorgho, moins gourmand en eau, ne tiennent pas compte de tous les services écosystémiques, économiques et nourriciers rendus par le maïs, que le sorgho est très loin d'égaler.

Le maïs, par sa polyvalence, son adaptabilité et surtout ses rendements considérables, supérieurs à 10 tonnes par hectare, et même 20 tonnes quand le champ est irrigué, fournit pour chaque litre d'eau reçu, du ciel et de l'irrigation, une biomasse végétale aussi exceptionnelle par son volume que par son intérêt. Il existe des milliers d'utilisations possibles pour un grain de maïs, dans l'alimentation, la chimie verte, l'énergie, les fibres ! Cultiver cette céréale que les Mayas avaient déifiée, et qui occupe désormais la première place mondiale, non seulement en Amérique bien sûr, son berceau, mais aussi en Chine et en Afrique, c'est répondre aux besoins du développement durable, avec une plante incroyablement prolifique, que sa richesse en amidon et en huile permet de substituer aux carburants fossiles dans tous les domaines, tout en nourrissant des populations nombreuses.

Omniprésent dans les industries de l'agroalimentaire, des peintures, du bâtiment, de la pharmacie, de la chimie, de la cosmétique et de l'hygiène, le maïs est aussi la plante de l'intensification écologique. Ce n'est pas un hasard si sa production mondiale est à elle seule presque équivalente à celles du blé et du riz réunis, et si l'aire d'extension de la plante ne cesse de progresser dans le monde. Dans *Interstellar*, Christopher Nolan met en scène un monde à bout de souffle, gagné par les tempêtes de poussière et la sécheresse, où seul le maïs résiste encore.

Ses immenses champs forment de véritables murailles végétales, propices à abriter une biodiversité qui profite du très faible indice de traitement de la plante pour s'épanouir, à l'ombre d'une végétation si dense et qui pousse si vite qu'elle sécrète sa propre humidité. Impossible de mettre le feu à un champ de maïs ! Il sert de barrière à incendie l'été, quand la terre souffre de la sécheresse et que les résineux s'embrasent.

En France, un quart seulement de la sole est irrigué, et uniquement en ce qui concerne le maïs grain. Pourtant, les pivots d'irrigation, qui permettent de fabriquer notamment des semences de qualité, sont vécus comme des provocations par les défenseurs d'une agriculture uniquement pluviale. Mais quand les sécheresses estivales deviennent de plus en plus longues, comment accepter de laisser partir à la mer toutes ces pluies d'automne et de printemps ? Comment ne pas en stocker une partie pour passer l'été, garantir aux bêtes un fourrage de qualité, donner aux grues cendrées, et à tous les animaux qui vivent dans les champs de maïs et les réservoirs aquatiques, l'assurance de ne pas mourir de faim et de soif ?

Cultiver du maïs, c'est nourrir l'humanité en économisant des terres, tout en captant des gaz à effet de serre. À lui seul, le maïs contribuerait significativement à la réussite de l'initiative 4 pour 1 000, lancée par la France lors de la COP21 à Paris en 2015 : selon le GIEC, un taux de croissance annuel de 0,4 % des stocks de carbone du sol, ou 4 ‰ par an, dans les premiers 30 à 40 cm de sol, réduirait de manière significative dans l'atmosphère la concentration de CO_2 liée aux activités humaines. Par sa grande aptitude à capter le carbone (c'est ce qu'on appelle une plante en C4), le maïs répond aux exigences du développement durable.

Anticiper le changement climatique

Bien sûr, une prairie, un vignoble, une forêt jeune et bien gérée, ou un verger sont aussi des infrastructures agroécologiques de premier plan. L'agriculture offre ainsi des réponses intelligentes et durables face au changement climatique. À condition de l'aborder avec professionnalisme et sans idéologie préconçue, de cesser de donner des leçons de nature aux paysans à partir de postulats infondés, comme la détestation de l'irrigation : la France est un des pays au monde où elle est la moins développée. Moins de 3 % de l'eau qui tombe du ciel est utilisée ! Elle a pourtant un véritable savoir-faire, les plus anciennes entreprises de gestion de l'eau, mises en place sous Napoléon III, au milieu du XIXe siècle, et de réputation mondiale, six agences de l'eau couvrant tout le territoire (on les appelait avant les agences de bassin), des syndicats d'irrigants, des schémas d'aménagement et de gestion de l'eau (SAGE), mis en place dès 1992…

Aujourd'hui des projets de territoire pour la gestion de l'eau (PTGE) se mettent en place pour gérer collectivement la ressource, associer les différents usagers et anticiper le changement climatique. Il est important en effet de bien comprendre que si la ressource en eau dont dispose la planète ne va pas se raréfier et sera toujours identique, elle sera plus erratique. Même les régions aujourd'hui les plus arrosées connaîtront des épisodes de sécheresse estivale prononcée. Stocker l'eau, c'est anticiper. Les glaciers de montagne qui disparaissent ne sont que des stocks d'eau gelée, qui ont connu au cours de l'histoire de l'humanité de considérables variations. La Mer de glace, qui allait jusqu'à Lyon et terrifiait les habitants des Alpes lors du petit âge glaciaire, est ainsi en recul depuis le début du XIXe siècle, avant même le début de la révolution industrielle.

Il faudra gérer la ressource en eau le plus intelligemment possible. Cela demande des investissements à faire dès aujourd'hui. L'agriculteur figure au cœur de cette anticipation. En implantant des prairies, il lutte contre le ruissellement et épure les sols ; en entretenant les fossés, il permet à l'eau de s'écouler et limite les dégâts liés aux pluies soudaines. En plantant des arbres, il entretient l'humidité et lutte contre l'érosion. Et surtout, il produit une nourriture plus sûre, plus saine, plus abondante.

L'agriculteur n'irrigue pas pour gaspiller, c'est une tâche qui lui coûte cher en machines, en main-d'œuvre, en temps, en électricité et en eau aussi, puisqu'il les paie de plus en plus cher (le temps des subventions massives est terminé), il irrigue pour nous nourrir.

Paysan, un sacerdoce... ou le plus beau métier du monde ?

Être paysan ne s'improvise pas. Dans ce métier, il faut être bon partout, à la fois agronome, météorologue, stratège, doué en marketing et en communication. Et avoir le cuir épais pour résister aux perpétuelles critiques, émises par des personnes qui, le plus souvent, ne connaissent pas les contraintes de votre métier. Le bon agriculteur est un couteau suisse multifonctions. Un véritable savoir-faire, une connaissance de l'agronomie des aptitudes des sols, des besoins des plantes qu'on choisit de cultiver, de ce que signifie, au-delà de tout anthropomorphisme, le bien-être des animaux qu'on élève. Mais l'agriculteur doit aussi connaître les normes, les marchés, être capable de défendre et de valoriser sa production. Toute exploitation professionnelle encourt la fermeture administrative et de lourdes pénalités si elle déroge tant soit peu à la réglementation, qui devient de plus en plus draconienne.

Les consommateurs issus de milieux urbains qui viennent dormir dans les gîtes ruraux et dans les fermes sont avides d'informations. Expliquer son métier, ses contraintes, ses risques permet souvent de lever les ambiguïtés. Mais que de temps perdu à faire de la pédagogie, alors qu'il faut en même temps que l'exploitation tourne !

Si l'esprit d'entreprise d'un paysan est sans limites,

et ce dans le monde entier, encore faut-il ne pas lui mettre trop de boulets au pied – contraintes fiscales, réglementaires, normatives, contrôles incessants, injonctions contradictoires, voisins qui surveillent et se plaignent, vols de matériel, de récolte et de bétail, actes malveillants… Sans compter la rémunération qui n'est pas au rendez-vous, pour des heures de travail qu'on ne compte plus.

L'activité agricole doit être un bonheur, celui d'exercer le plus beau métier du monde, pas un sacerdoce !

10

Permaculture, agroécologie, retour en arrière ou solution d'avenir ?

Quelle agriculture pour demain ? Ou plutôt, quelles agricultures pour demain ? Nous avons vu dans les chapitres précédents la nécessité d'une agriculture compétitive pour nourrir le monde, et les limites de l'agriculture biologique, même si elle a toujours plus d'adeptes auprès des classes favorisées. On attend de plus en plus des agriculteurs qu'ils soient des jardiniers du paysage, mais les réduire à cette fonction, c'est oublier que la vocation du travail agricole est d'abord nourricière.

Il faut toujours faire attention à la question des échelles. Une belle solution locale n'est pas forcément généralisable quand ce sont les exportations de dix pays seulement qui font l'essentiel des échanges alimentaires mondiaux. Alors, certes, ces derniers ne concernent que 15 % de la production mondiale, mais sans les importations qu'ils permettent, près de 80 pays s'effondrent économiquement et politiquement ! Les émeutes de la faim de 2007-2008 – quand ces grands pays exportateurs avaient enregistré simultanément une chute de leurs récoltes, faisant flamber les prix mondiaux selon la bien connue loi de King – nous rappellent à quel point le monde dépend d'une offre alimentaire abondante et accessible.

Cultiver, c'est choisir. Choisir pour pouvoir vendre. Et l'aimable jardin foisonnant de l'amoureux sincère de la nature ne se prête pas forcément aussi bien à une valorisation productive que la production rationalisée, voire standardisée, parce que les cahiers des charges de la grande distribution, des industriels de l'agroalimentaire et des importateurs sont impitoyables. Il ne faut surtout pas opposer les modèles, mais les associer. L'agriculture d'hier nous attendrit. Elle est le vestige d'un monde disparu dont nous adorons la théâtralisation : les mini-fermes pour les enfants, les chaudrons des nougatiers, la cueillette à la ferme, les gîtes ruraux... Tous procurent des moments merveilleux à vivre en famille. Mais si nous pensons qu'ils vont suffire à assurer les besoins alimentaires de l'humanité, nous commettons une grave erreur. La France, qui mise désormais sur une agriculture élitiste, risque d'en payer un prix élevé car sa souveraineté alimentaire régresse. On ne peut pas faire reposer l'alimentation d'un pays sur des approvisionnements fluctuants, aléatoires et même peu sûrs sur le plan sanitaire.

Pourtant, la tendance actuelle en Europe méconnaît de plus en plus les colossaux enjeux alimentaires du monde et la nécessité de protéger sa souveraineté alimentaire. On voudrait désormais faire de l'agriculteur un doux jardinier de la nature. Depuis 2006, en France, le bail rural peut évoluer en bail environnemental, car le code rural reconnaît les services écosystémiques que rend aussi l'activité agricole. Encore faut-il les rémunérer dignement, ce qui n'est pas toujours le cas, et ne pas laisser ces services environnementaux prendre le pas sur l'activité de production de nourriture. L'enherbement des vignes et des vergers protège le sol de l'érosion, l'enrichit quand cette herbe est broyée, améliore sa teneur en matière organique, sa structure, sa fertilité minérale, sa capacité à fixer le CO_2… mais il peut aussi abriter toute une faune indésirable et concurrencer les ceps et les jeunes plants. Attention à ne pas tomber dans des excès préjudiciables au travail même de l'agriculteur !

L'apologie du retour à la terre

Les nouveaux paysans attachent beaucoup d'importance à renouer avec des savoirs traditionnels, souvent idéalisés d'ailleurs. Ils ne rechignent pas – les premières années tout du moins – aux tâches matérielles, ingrates, voire pénibles, avec l'enthousiasme des néoconvertis qui ne comptent pas leurs heures de travail. Ils font aussi appel à des volontaires prêts à travailler gratuitement quand ils ne vendent pas des stages de conversion chèrement facturés à des urbains en quête de nouveaux modes de vie ou d'une déconnexion temporaire. Le procédé dit du *woofing*, qui convie des jeunes Européens à séjourner dans des fermes, ou les stages proposés par des mouvements militant pour une « autre » agriculture s'inscrivent dans ce mouvement. Qu'elles se réclament de l'agroécologie, de la permaculture, de l'agriculture « régénérative » ou tout autre jargon, les fermes ainsi créées présentent de prime abord un visage enthousiasmant parce qu'elles promeuvent des alternatives au productivisme tant décrié. Beaucoup se réfèrent à des penseurs anciens ou étrangers, dont elles déclarent transposer les principes à l'échelle de leur exploitation. La permaculture principalement, mais aussi, dans une moindre mesure, l'agroécologie affirment leur volonté de rompre radicalement avec l'agriculture moderne, dénoncée comme productiviste.

Là encore, la réalité est comme toujours un peu plus complexe.

Les nombreux prophètes du retour à la terre prennent-ils bien en compte les conséquences concrètes de leurs discours d'exaltation de la nature, de leur vitupération contre l'agriculture moderne, accusée de tous les maux, ou contre le progrès, jugé maléfique ?

Dans le monde entier, les indicateurs sociaux sont toujours meilleurs dans les villes que dans les campagnes, comme l'accès à l'éducation, aux services publics. En milieu urbain, la fécondité et la mortalité infantile sont aussi plus faibles. Certes, beaucoup d'urbains aspirent à se reconnecter avec la campagne, à retrouver le chemin qui les mènera à ce qu'ils pensent être une vie authentique, une nourriture vraie, un terroir, des racines terriennes depuis longtemps perdues. Mais nos sociétés modernes ont vécu une chance immense : libérer les hommes de la sujétion du travail harassant de la terre, jour après jour, juste pour ne pas mourir de faim. Le monde d'hier était un monde de paysans pauvres. Quand nous avons pu produire suffisamment de nourriture pour faire naître une économie secondaire et tertiaire, fabriquer des véhicules, des trains, des avions, des richesses, de la connaissance, qui ont désenclavé la planète et permis à de plus en plus de personnes de s'arracher à un dur travail manuel pour intégrer une humanité de classes moyennes, s'est enclenché le processus de développement, c'est-à-dire la possibilité d'avoir enfin le choix de son destin. La ville, qui est initialement le lieu où l'on peut stocker la nourriture, c'est aussi le progrès. L'urbanité désigne à la fois le territoire urbain et la capacité à être en commerce avec son prochain avec politesse, affabilité.

Il est dangereux de faire l'apologie du retour à de petites communautés rurales vivant en semi-autarcie de produits obtenus localement. C'est oublier qu'en dehors de quelques survivalistes militants, convaincus qu'il faut se préparer à l'effondrement de nos civilisations, de jeunes en quête d'un autre monde, et de retraités qui ont suffisamment de temps et parfois d'argent pour se consacrer sans conséquence au *hobbyfarming* – avec la possibilité de compenser une récolte décevante par des courses –, personne n'est prêt à renoncer aux facilités de la vie moderne, à la diversité d'une alimentation venue du monde entier et qui s'est désaisonnalisée, comme à toutes ces évidences (pour nous, mais pas pour toute une partie de l'humanité, qui en rêve toujours) que sont l'accès à l'électricité, à l'eau potable au robinet, à la mobilité, à l'ordinateur et à l'accès immédiat à la connaissance permis par Internet.

Tout le monde ne peut pas – et ne veut pas – vivre comme un amish ou un sâdhu ! Il faut des énergéticiens, des ingénieurs, des industries, des mines, des carrières, de la recherche, des médecins, des informaticiens, un ensemble de métiers qualifiés, demandant une formation solide (et pas de faire la grève de l'école), non seulement pour faire tourner le monde, mais aussi pour anticiper et préparer les mutations en cours. Et pour que ceux qui ont choisi de vivre un mode de vie de rupture avec la modernité technicienne n'en subissent pas les conséquences les plus cruelles ! S'ils tombent malades, l'hôpital est là pour les soigner, avec les techniques les plus avancées. S'ils veulent un tuto sur la façon de mettre en œuvre la permaculture, Internet leur délivre toutes les informations nécessaires. Et si les limaces dévorent les salades ou qu'on en a assez de manger toujours la même chose, le supermarché vous tend ses bras prodigues. Ou bien le leader mondial du produit antilimaces, la société De Sangosse, dans le Lot-et-Garonne, vous fournit le produit le plus efficace, y compris en bio. Qui sait que, sans produit de traitement pour venir à bout des limaces, il faut d'abord labourer, puis déchaumer pour supprimer les œufs, puis rouler pour réduire les interstices ? Autant de passages, autant de machines, autant de travail, autant de carburant, et de CO_2 rejeté dans l'atmosphère. Et un sol qui souffre d'être tant travaillé, alors que l'on préconise aujourd'hui les techniques culturales simplifiées – le sans labour !

Une ruralité idéalisée

Paradoxalement – ou peut-être justement pour ça –, moins les citadins connaissent le travail de la terre, plus ils sont nombreux à avoir envie de s'y consacrer. Pour les classes moyennes du Nord, l'aventure n'est pas, comme les pauvres du Sud, de franchir les mers pour accéder à l'eldorado occidental, il est de sortir de la ville pour redevenir paysan. Cultiver la terre est devenu synonyme de retrouver le vrai.

Il existe ainsi un fossé profond, pas seulement sociologique mais aussi technique, entre les agriculteurs professionnels, qui ont suivi une formation exigeante pour pouvoir exercer leur métier, et les nouveaux jardiniers, néoruraux, jeunes en quête d'un « retour » à la terre (qui n'a rien en réalité d'un retour, car la plupart n'ont pas de parents paysans et s'installent « hors cadre ») et qui décident de se lancer dans une activité agricole, pour se consacrer le plus souvent à des niches à forte valeur ajoutée : plantes aromatiques et à parfum, fruits et légumes anciens, fromages produits à la ferme... Ce sont de belles activités, qui répondent à un besoin touristique, font vivre des territoires, et permettent de justifier le maintien, voire la renaissance, de services dans des lieux qui étaient en train de se désertifier. Mais si admirables et respectables soient-elles, elles ne doivent pas être érigées en dogme. Nourrir le monde suppose une grande diversité de modèles, pas un discours militant qui refuse de prendre en compte, voire discrédite, tout ce qui sort du paradigme idéologique.

Il est intéressant d'examiner les nouvelles installations de jeunes agriculteurs : ils sont plus diplômés, comptent un tiers de « hors-cadre » (leur famille n'appartient pas au milieu agricole), un tiers veut créer une activité bio, un tiers entend s'installer en pluriactivité. Et un sur six est une femme. Tous ont reçu une solide formation professionnelle, acquise dans des écoles d'agriculture réputées, comme Purpan à Toulouse, l'Isara à Lyon ou l'ESA d'Angers, les Maisons familiales rurales gérées par les chambres d'agriculture, de nombreuses filières universitaires.

Ces futurs agriculteurs dessinent le visage d'une agriculture nouvelle, tandis que la génération de leurs parents est en train de partir en retraite (la moitié des agriculteurs français a plus de 50 ans). Contrairement à leurs propres parents, qui avaient connu la période faste de l'agriculture française, beaucoup des agriculteurs d'aujourd'hui ont dû pour s'en sortir prendre un travail salarié à l'extérieur, généralement l'épouse. Un quart des chefs d'entreprise agricole sont aujourd'hui des femmes. Certaines ont repris courageusement l'exploitation après la disparition de leur conjoint. D'autres ont décidé de créer leur propre activité, assurant la comptabilité, pilotant les machines, gérant les bêtes… tout en assumant parallèlement les charges familiales. On parle peu des agricultrices, et pourtant elles sont omniprésentes dans le monde, infiniment inventives et solidaires.

Les nouveaux paysans pourront-ils mieux vivre de leur métier que leurs parents ? Une exploitation sur deux aujourd'hui ne trouve pas de repreneur, le coût du foncier et de l'installation devient de plus en plus élevé, et de nombreux territoires qui auraient justement besoin de voir naître de nouvelles exploitations, fondées sur le bio, les circuits courts, la pluriactivité… ne sont plus considérés comme agricoles, ce qui veut dire que ceux qui s'y installent ne pourront pas recevoir d'aides, notamment européennes. Lors de la dernière PAC, de nombreuses communes ont perdu l'indemnité compensatoire de handicaps naturels (ICHN), destinée précisément à permettre le maintien de l'activité dans des milieux difficiles, des zones défavorisées. Que va devenir l'agriculture de demain ?

Les fantasmes de la permaculture

La permaculture fait figure de nouveau Graal. Combien de personnes vous expliquent qu'elles ont décidé de se lancer dans la permaculture ! Revendiquant la mise en œuvre fine de l'intelligence du vivant, cette « autre agriculture » travaille sur les associations de plantes, l'économie circulaire, les cycles naturels, la symbiose… Un micromaraîchage intensif qui magnifie l'art du potager. Pour les projets les plus achevés, la productivité de ces jardins est souvent très élevée car elle repose sur une très forte intensité de travail, mais aussi sur des associations agronomiques judicieuses, un travail soigneux du sol, des intrants organiques obtenus par la réintroduction de l'animal, tels ces canards censés vous débarrasser des traditionnels bioagresseurs, pucerons, limaces, punaises, doryphores…

En réalité, l'agriculture mise en œuvre dans ces projets innovants est aussi intensive que celle des révolutions vertes des années 1960, sauf que les facteurs de production n'y sont pas les mêmes : en sont notamment bannis les intrants chimiques, que le paysan d'hier appelait pourtant de ses vœux pour soulager la pénibilité de son travail et en finir avec de maigres rendements. Tout repose sur un investissement temps et main-d'œuvre intensif, le travail enthousiaste de petites mains qui ne comptent pas leurs propres heures de travail, le plus souvent bénévole, voire payant dans le cadre de stages dits de formation.

Les promoteurs de telles structures font ainsi régulièrement appel aux bonnes volontés quand il s'agit de planter des haies, de transhumer les troupeaux, de cueillir la récolte. Leur charisme parvient à drainer nombre de volontaires enthousiastes. Et de convaincre des investisseurs ou des mécènes, ce qui permet de disposer d'un capital assurant une certaine pérennité du projet, même quand les résultats peinent à arriver. De pouvoir faire le gros dos aussi en cas d'années difficiles. Souvent aussi, les néoconvertis ont gagné suffisamment d'argent dans une vie antérieure pour pouvoir se consacrer à leur passion, ou bien ils bénéficient de financements extérieurs, subventions de fondations désireuses de montrer que leur philosophie peut se concrétiser par une véritable création d'activités productives, ou financements d'entreprises en quête de vitrines vertueuses pour *greenwasher* leur activité capitalistique de production ou de distribution.

Un mode de production médiatique

Conviés à venir admirer la réussite du projet, les médias s'enthousiasment devant les tomates magnifiques, obtenues bien sûr sans pesticides, et parfois même sans eau, les jardins suspendus croulant sous le poids des productions – personne n'organise de visite quand les résultats ne sont pas au rendez-vous. La presse assure ainsi une publicité gratuite à ce modèle alternatif. Il devient LA solution pour nourrir le monde et est systématiquement opposé à une agriculture conventionnelle toujours dénoncée comme intensive et productiviste, monoculturale, destructrice des sols par sa lutte mécanique (labours) et chimique (traitements) contre les prédateurs, artificialisant les milieux, détruisant la biodiversité, etc. Critiques d'autant plus implacables que ces mêmes journalistes se donnent rarement la peine de rendre visite sans idées préconçues aux agriculteurs modernes et méconnaissent souvent la réalité des exploitations. Une partie croissante des médias, oubliant les règles de neutralité et d'objectivité du journalisme, concurrence ainsi les réseaux sociaux dans la promotion d'idéologies agrariennes.

Pourtant, les modèles d'agriculture alternative ne sont viables qu'à toute petite échelle. Ce qui est déjà magnifique en soi et mérite en effet l'admiration : l'agriculture alternative a l'immense mérite de faire vivre des territoires, de les reverdir, d'y susciter de l'activité, de la biodiversité. Mais elle ne peut pas être présentée comme une panacée car sa vocation n'est pas de nourrir le monde, mais de faire vivre localement de petites communautés, ce qui est déjà remarquable. Sauf que notre monde se compose de mégalopoles de plus en plus peuplées et exigeantes, où presque personne ne travaille plus dans l'agriculture, hormis dans les villes tropicales, où bas-fonds et zones interstitielles sont valorisés pour des productions légumières, des élevages, de l'horticulture, souvent performants d'ailleurs, mais pas forcément totalement conformes aux impératifs sanitaires, avec l'utilisation d'eaux usées ou polluées, de gros problèmes de maladies animales, etc.

Certes, il existe dans les grandes villes du Nord ou dans leur périphérie des activités de maraîchage remarquables, comme les fermes de Gally en région parisienne. À Détroit et dans les « shrinking cities » de la *dust belt*, sur les espaces libérés par la déprise industrielle et la crise des subprimes de 2007-2008, mais aussi dans la Ruhr, à Barcelone, à Shanghai, à Milan, naît une nouvelle agriculture urbaine, apte à valoriser des espaces verts, des friches urbaines, des toits d'usines, en créant des « paysages comestibles ». Elle mobilise des techniques très innovantes, qui concilient l'agroécologie et le *digital farming*. Les nouvelles fermes verticales, usines à salades ou à champignons, inventent ainsi des modes de production qui se jouent des aléas climatiques et de la saisonnalité et parviennent à bannir les traitements. L'ère du « hors-sol high-tech » donne à la permaculture le visage d'un micromaraîchage biointensif, permettant de valoriser des surfaces réduites avec des productions à haute valeur ajoutée. Toutefois la question de la contamination par des métaux lourds de l'alimentation produite en milieu urbain n'est pas posée. On parle aujourd'hui à Paris de projets ambitieux de valorisation de friches, de toits, de fermes urbaines… dont il faudra évaluer les productions avec la même sévérité qu'on le fait pour celles qui viennent de la campagne, quand on constate à quelle vitesse la pollution atmosphérique noircit les façades des immeubles.

Une durabilité conditionnée à de fortes subventions

La question se pose aussi de la durabilité de projets conçus comme des vitrines idéologiques, auxquelles les pouvoirs publics ou les investisseurs privés consacrent des sommes faramineuses. Le coût du radis devient prohibitif, même si personne évidemment ne paie le prix… tout en conspuant l'agriculteur conventionnel qui touche des primes à la production pour pouvoir survivre. Ce sont les subventions qui permettent d'assurer la viabilité de cette « nouvelle agriculture », ainsi qu'un renouvellement permanent des « stagiaires » heureux de découvrir le travail de la terre.

Il existe ainsi un grand nombre de structures qui se présentent comme des modèles de l'agriculture du futur, mais ne trouvent leur équilibre que parce qu'elles bénéficient de main-d'œuvre gratuite, en échange d'une formation censée être reproductible et appropriable. Mais à la ferme biologique du Bec-Hellouin par exemple, moins de 10 % des stagiaires tentent d'appliquer l'enseignement reçu en créant une exploitation agricole. Leur but n'est pas de produire, mais de se ressourcer au contact de la terre. De même, en Afrique de l'Ouest, les centres Songhaï, lancés au Bénin au début des années 1990 pour devenir les vitrines d'une agriculture naturelle et biologique, et qui étaient destinés initialement à devenir des modèles d'exploitation agricole, n'ont pas réussi à créer une classe d'agriculteurs autonomes et professionnels (la plupart abandonnent après avoir vivoté), ni même à atteindre eux-mêmes les seuils de viabilité économique, ce qui les a obligés à rester dans un statut juridique d'ONG bénéficiant de forts soutiens institutionnels et privés. Tout comme d'ailleurs la vitrine ardéchoise de Pierre Rabhi, Terre & Humanisme, qui, sur son site, fait appel aux dons, ce à quoi aucun agriculteur conventionnel n'oserait se livrer.

Il ne s'agit pas de discréditer de tels projets comme eux-mêmes discréditent l'agriculture conventionnelle (rappelons-le, 90 % de la production) pour justifier leur existence et appeler aux financements, mais de bien comprendre que, si admirables soient-elles, ces vitrines restent avant tout des niches, largement subventionnées rapportées à la tonne de nourriture produite. La permaculture vaut de l'or, à tous les sens du terme, mais elle suppose toujours un banquier, un investisseur, un généreux donateur. Ou bien un prophète inspiré, prêt à faire vœu de pauvreté médiatisée. En pratique, sans le soutien renouvelé de structures ayant décidé d'investir à fonds perdu dans ces vitrines, beaucoup finissent par disparaître après la mobilisation initiale, car elles butent sur la difficulté d'assurer un équilibre économique durable, rapporté aux moyens mobilisés.

Certains projets sont aussi fermés pour des dérives sectaires, ou après un contrôle administratif pointant le non-respect des normes sanitaires, voire de bien-être animal. L'invocation de l'artisanat, du fait-maison, de la tradition, de la nature, ayant permis de prendre des libertés douteuses avec le droit du travail et la réglementation sanitaire, auxquels s'astreint la moindre fromagerie industrielle. Les traitements à base de mixtures douteuses, à la composition tenue secrète, n'ont jamais été homologués. L'amateurisme et l'ésotérisme prévalent. « La permaculture fascine les littéraires qui ne connaissent rien à l'agriculture et qui décident de s'y consacrer parce qu'ils sont mécontents de leur vie », résume Paola, mon étudiante vénézuélienne, qui pourtant y a cru dur comme fer, avant de constater combien il y avait d'écart entre le discours et la réalité.

Agroécologie : réintroduire de la complexité… jusqu'où ?

Comme la permaculture, l'agroécologie se pare de toutes les vertus. La définir est assez compliqué car, là encore, l'idéologie joue un rôle considérable dans la promotion d'un modèle agricole qui se veut surtout une rupture avec l'agriculture conventionnelle, toujours caricaturée comme « productiviste » ou « industrielle ». Sur le site du ministère de l'Agriculture français, l'agroécologie est « une façon de concevoir des systèmes de production qui s'appuient sur les fonctionnalités offertes par les écosystèmes ». On admirera le flou de la définition, qui, en creux, laisse accroire que l'agriculteur conventionnel est un imbécile, incapable de comprendre les écosystèmes.

Comme la permaculture, l'agroécologie est en réalité un mot-valise destiné à rendre heureux tous ceux qui la vantent. Et n'hésitent pas à invoquer l'agriculture africaine pour vous démontrer combien elle est une réussite. En oubliant juste qu'aucun continent au monde ne compte autant d'agriculteurs qui se nourrissent aussi mal, vivent si peu longtemps, et souffrent de tant de maladies, faisant de l'Afrique LE continent massivement importateur de nourriture pour nourrir ses villes, en laissant les campagnes crever de faim.

Alors l'agroécologie ? Elle possède en effet une dimension essentielle qui est de faire appel aux mécanismes naturels supposés rendre les plantes plus à même de se défendre elles-mêmes contre leurs agresseurs. Pour faire simple : la réintroduction de l'arbre, des haies, des bosquets dans les parcellaires crée de la biodiversité, crée des gîtes et des abris pour une faune auxiliaire qui permet de lutter contre les infestations parasitaires, des mésanges aux coccinelles en passant par les chauves-souris ou la grande diversité des insectes utiles. Sa mise en œuvre est complexe car il faut savoir adapter la réponse au cas par cas, et les recettes préconisées, généralement testées par des chercheurs qui mobilisent de gros moyens sur de petits périmètres, sans avoir à se nourrir de ce qu'ils produisent et à en dépendre pour gagner leur vie, donc à vendre le résultat de leurs expérimentations, doivent toujours être soumises à l'expérience pratique du cultivateur, qui les teste, les adopte ou les adapte selon les résultats obtenus. En sachant que c'est chaque fois une prise de risque pour lui : un verger enherbé peut aussi abriter d'indésirables prédateurs, les jeunes pommiers supportent mal la concurrence végétale pour s'enraciner, une rangée d'arbres peut faire de l'ombre à des céréales. Le maïs, par exemple, est une usine à oxygène qui transforme la lumière du soleil en biomasse… s'il peut pleinement en bénéficier. Le faire pousser à l'ombre ne donne pas grand-chose.

Valoriser l'agroécologie

Les nouveaux systèmes agroécologiques s'inspirent des savoirs anciens, tout en les dotant des acquis agronomiques d'aujourd'hui – les insectes utiles sont préservés, la fumure animale introduite, l'arbre et les haies replantés, les associations de plantes systématisées. On réinvente par exemple les « trois sœurs » des civilisations précolombiennes : le maïs, plante nourricière sacrée des Mayas, le haricot qui s'enroule autour de sa hampe et la courge qui, en couvrant le sol, empêche les mauvaises herbes. L'introduction dans les assolements, et notamment dans les cultures intermédiaires dites pièges à nitrates (CIPAN), de variétés performantes de légumineuses permet de fixer l'azote dans le sol, de produire de la protéine végétale de qualité (luzerne, féveroles, pois…), de se passer d'engrais minéraux. Et on entrevoit là un des atouts essentiels de l'agroécologie : accroître l'autonomie des exploitations, diminuer leurs achats d'intrants.

Mais tout paysan fait ses calculs : l'agroécologie suppose un travail supplémentaire qui n'a de sens que s'il peut être rentable. Et la question essentielle est de savoir comment rentabiliser ce mode de production compliqué, qui ne se révèle intéressant que lorsqu'on dispose soit des machines qui permettent de valoriser la production obtenue (par exemple, des trieurs optiques permettant de séparer les différentes cultures, assortis de circuits de transformation appropriés), soit d'une main-d'œuvre nombreuse dont le travail ne coûte rien sur des espaces limités. Les innovations agroécologiques se révèlent généralement plus chronophages que l'essartage d'hier, adapté à une population limitée disposant de fortes réserves foncières, qui présentait l'intérêt de la productivité travail optimale (la charge de travail du paysan est limitée comparée à ce qu'il récolte), mais ne procurait que de faibles rendements. Elles sont également plus chronophages que les systèmes simplifiés mis en place lors de la seconde révolution agricole, qui présentaient l'intérêt de produire beaucoup et à bas prix, mais en n'accordant pas suffisamment d'attention à la qualité des sols et à l'état de l'environnement.

Quand on discute avec les agriculteurs, ils dénoncent presque tous les leçons de nature qu'on leur donne à partir d'expériences réalisées dans des conditions totalement différentes du plein champ, ou simplement de leur propre exploitation, dont ils connaissent chacune des parcelles, avec leurs aptitudes et leurs limites. Les haies que l'on oblige l'agriculteur à replanter aujourd'hui (plus de 500 000 kilomètres linéaires en France) pour recréer de la biodiversité lui ôtent légalement 5 % de son exploitation : ces 5 % doivent être affectés à des « infrastructures agroécologiques ». Qui coûtent cher à implanter, en variétés, en main-d'œuvre, en temps, en machines et empiètent sur les terres dédiées aux cultures, sans rapporter directement d'argent : quelle autre profession accepte de sacrifier sans contrepartie 5 % de ses biens à l'intérêt général ?

La contrepartie financière est rarement à la hauteur de l'effort consenti, et les résultats pas toujours aussi fabuleux qu'annoncés, même si les urbains sont heureux de voir revenir les haies et les bosquets dans la campagne (transposons en imaginant le paysan se rendre dans leurs bureaux, juger – à raison d'ailleurs – que les *open spaces* sont totalement invivables et intimer l'ordre de remettre des cloisons, des espaces privatifs, de l'intimité, et, bien sûr, beaucoup de plantes vertes, pour réduire ce sentiment de souffrance au travail, que partagent nombre de salariés aujourd'hui…).

Voilà pourquoi, sans la disqualifier, il ne faut pas faire de l'agroécologie une panacée, mais la ramener à sa véritable valeur. L'agriculteur est prêt à adopter ces nouveaux systèmes, qui rendent les écosystèmes beaucoup plus complexes que par le passé, mais ses efforts ne peuvent être durables et couronnés de succès qu'à la condition que son travail soit correctement rémunéré. Ou reconnu d'intérêt général et soutenu par la puissance publique en tant que tel.

Des programmes vitrines

Ou par des fondations privées, comme en Andalousie, avec le mouvement Alvelal. Submergée par la mer de plastiques de serres où sont exploités les travailleurs immigrés, où la désertification gagne des terres trop sollicitées, l'Andalousie tente désormais de se doter de critères de durabilité, dans la gestion de l'eau notamment.

Le mouvement Alvelal, né en 2014, prône une agriculture régénérative qui puisse restaurer les écosystèmes et faire revivre les villages abandonnés. Plantes aromatiques, pistachiers, amandiers, légumineuses ont été plantés, la paille est laissée dans les champs pour les nourrir et conserver l'eau. On ne laboure plus que deux fois par an, pour enfouir la matière organique, et non plus six, préservant ainsi la structure des sols et économisant l'énergie et les machines.

Mais c'est une fondation hollandaise, Commonland, qui assure l'économie du projet : elle y a investi 26 millions d'euros pour moins de 300 exploitations. Et les rendements du seigle planté selon ces méthodes régénératives sont de 1,2 tonne par hectare, à peine plus que ce que récolte le paysan africain.

Là encore, rapportée aux sommes perçues, la tonne de nourriture produite est prohibitive. Certes, d'autres services, notamment écosystémiques, sont rendus, et il faudrait leur donner une valeur monétaire pour mesurer tout l'apport de cette agriculture alternative. Combien vaut une colline reverdie, un paysage attrayant, des personnes heureuses et fières d'avoir pu faire revivre les villages ? Bien qu'elle ne soit pas monétaire, la valeur de tels acquis est pour autant bien réelle. Mais ce sont quand même les tomates sous serre qui font vivre toute la région andalouse. Qui, sans l'agriculture intensive, se serait économiquement et socialement effondrée. Il faut rendre durable cette agriculture intensive – elle s'y emploie aujourd'hui – et accepter qu'elle puisse abriter à la fois des activités productives et des projets paysagers au lieu de fantasmer sur une ruralité revivifiée.

Inventer des systèmes de production de nourriture en ville, valoriser les friches, les toits, les fermes verticales, promouvoir la permaculture... aujourd'hui, l'innovation agricole foisonne, stimulante, excitante. Elle nous appelle à revoir notre relation à la production de nourriture, à l'englober dans un tout, qui prenne en compte à la fois la qualité des sols, la diversité du vivant, la relation à ce que nous mangeons. Mais toute cette formidable réflexion sur l'agroécologie, l'agroforesterie, la création de paysages comestibles en milieu urbain, ne doit pas occulter une donnée essentielle : si valorisés soient-ils, les milieux urbains, qui occupent moins de 1 % de la superficie de la planète libre de glace, ne nourriront pas l'humanité. Comment produire suffisamment sur des toits d'immeubles ou dans des friches urbaines ?

Demain, nous ne nous nourrirons pas que de légumes et de champignons produits dans des systèmes alternatifs, si ingénieux soient-ils. Et dans les grandes plaines occupées par l'agriculture céréalière, les immenses champs de soja, les plantations d'arbres utiles, il n'y a généralement plus personne pour cultiver la terre. Les machines ont pris le relais. Espérer que tout le monde va se remettre à cultiver la terre, sur son balcon ou dans le parc d'à côté, et que ça suffira pour nous nourrir est totalement utopique. Penser que les hommes reviendront peupler les campagnes n'a pas de sens, sauf si l'on pense que le monde de demain aura banni le progrès technique et se sera replié sur de petites communautés agrariennes vivant en autosubsistance. Ce qui est d'ailleurs le rêve affiché de certains collapsologues, qui ne sont pas pour autant prêts à la mettre en pratique eux-mêmes au quotidien. Il faut aussi se souvenir que tout territoire abandonné s'embroussaille, sans grand bénéfice, ni pour l'humanité, ni pour la planète. Le temps de la cueillette est terminé, et il était synonyme de famines.

La nouvelle agriculture doit être productive, régénérative, c'est-à-dire ne pas détruire son propre support, mais aussi rémunératrice pour le producteur, accessible financièrement pour le consommateur, et bien sûr totalement saine sur le plan sanitaire. Elle doit surtout être capable de nourrir un monde de mégalopoles, un homme sur deux dans les villes aujourd'hui, deux hommes sur trois en 2050.

Le foisonnement des initiatives et des innovations ne doit pas masquer cette règle d'airain : il faut continuer à nourrir le monde. Et seules les grandes cultures peuvent nourrir le monde. 1,6 milliard d'hectares affectés aux céréales, aux protéagineux, aux oléagineux, qui représentent la base de l'alimentation mondiale, et sur lesquels tous les efforts doivent porter aujourd'hui pour répondre aux enjeux du changement climatique. Les filières céréalières mènent un travail de réflexion intense à ce sujet et notamment pour faire face aux sècheresses estivales, capter plus de gaz à effet de serre, réintroduire de la biodiversité, protéger les sols. Mais sans renoncer à la nécessité de produire, et de produire beaucoup. La réponse est multiple : nouvelles semences, nouvelles conduites des exploitations, nouvelle gestion de l'eau avec du stockage, de l'irrigation et du drainage, utilisation la plus efficiente possible des machines et des intrants, afin de découpler le rapport entre l'énergie mobilisée et la production obtenue.

Si sympathiques et nécessaires soient-ils, les circuits

courts, le bio, la permaculture, ou la biodynamie, cette méthode de culture qui refuse la science et la technologie pour confier aux astres le soin de piloter nos cultures et nos âmes, et dont les urbains en quête de sens aiment le discours ésotérique, ne sont pas un moyen de nourrir le monde urbain et non agricole dans lequel nous vivons désormais. La permaculture peut fonctionner admirablement à petite échelle, et même avec une forte productivité, mais elle suppose donc une main-d'œuvre abondante, ou des machines élaborées, une gestion rigoureuse des intrants et des effluents. Elle n'est nullement un retour en arrière bucolique, mais le recours à une très forte technicité pour valoriser des micromilieux – friches abandonnées, interstices urbains, balcons, caves, toits d'immeubles… Elle ne nourrira pas Paris à la place de Rungis, ni ne remplacera les grandes cultures, qui assurent deux tiers de l'alimentation de l'humanité. Les services environnementaux ne doivent pas évincer la vocation nourricière !

11

Services environnementaux ou vocation nourricière ?

Être agriculteur ne s'improvise pas. Ce qui ne veut pas dire qu'il n'existe pas de nombreuses personnes qui décident de se lancer dans une activité agricole après une vie professionnelle consacrée à tout autre chose. Et notamment des retraités ou des communautés désireuses de réinventer la vie collective à la campagne. Mais leur activité relève plus du jardinage que de l'agriculture. Les grands syndicats agricoles demandent aujourd'hui que soit reconnu par l'État un statut d'agriculteur professionnel, précisément pour distinguer les aimables amateurs de ceux dont la vocation est de produire beaucoup pour nourrir le plus grand nombre.

La conception du métier d'agriculteur diffère aujourd'hui fondamentalement entre ceux pour qui la terre est d'abord un outil de travail, chargé de leur permettre de faire tourner une exploitation qui doit être rentable tout en répondant à des réglementations de plus en plus exigeantes dans tous les domaines (produits de traitement, gestion des effluents, salubrité, bien-être animal, rémunération du personnel, respect des temps de travail...), et ceux qui attendent surtout d'elle un mieux-être, entretenant avec une nature sublimée une relation holistique qui confine au mystique, au sacré.

Les premiers se souviennent encore des conditions dans lesquelles travaillaient leurs grands-parents, qui ne connaissaient ni les congés ni les voyages, et ils attribuent à la modernité des vertus cardinales. Ils veulent de l'efficacité, des machines, sont en quête d'innovations et souvent précurseurs dans l'utilisation de techniques qui leur permettent d'en finir avec les incertitudes et la pénibilité : stations météorologiques, capteurs, robots de traite, cartographie satellitaire des parcelles pour améliorer les sols en les nourrissant ou les modifiant, doser les produits de traitement au centimètre cube près, utilisation de drones pour pouvoir traiter rapidement en cas d'infestation à l'aide d'insectes auxiliaires – comme ces trichogrammes dans les champs de maïs attaqués par la pyrale –, ou le recours à la confusion sexuelle dans les vergers...

Paradoxalement, ils perçoivent comme des opportunités les contraintes administratives et réglementaires, qui les enserrent dans un corset de normes et de contrôles, les exigences des négociants et des coopératives auxquels ils vendent leur production. Parce qu'ils sont en contact avec la grande distribution ou les importateurs étrangers, ils connaissent le degré de complexité des cahiers des charges à respecter, ce qui fait d'eux de bons soldats en termes de durabilité environnementale : le marché fait office de juge de paix. Si plus personne ne veut acheter d'œufs de poules en batterie, il faut abandonner ce mode de production, pas le choix. Si le consommateur réclame du bio, il faut se convertir.

La capacité d'adaptation et d'évolution caractérise ainsi le monde agricole professionnel… pourtant souvent considéré, à tort, comme réfractaire, hermétique. Parce que la technicité du métier est devenue telle qu'il a de plus en plus de mal à l'expliquer, et que l'opinion publique continue de juger l'agriculture sur des standards hérités d'un passé depuis longtemps révolu, se représentant la bonne vieille ferme d'antan avec la poule picorant sur le tas de fumier. Or justement, l'agriculteur est tout, sauf un passéiste. C'est même exactement l'inverse : le bon agriculteur est un stratège, qui doit revoir en permanence son avantage comparatif. Quitte à opter pour de nouvelles méthodes et activités si la donne a changé.

Spécialistes vs militants

À côté de cette corporation d'agriculteurs professionnels, hélas devenus si spécialisés qu'ils parviennent difficilement à communiquer sur leur métier, dont la technicité les enferme dans un jargon incompréhensible au profane, de nouveaux paysans font leur apparition.

Certains viennent de milieux non agricoles et ont adapté à leur nouveau projet des techniques de gestion et de communication acquises dans d'autres branches professionnelles. Ce sont des personnalités caractérisées par un désir de rupture avec le monde urbain, dont ils ne supportent plus les lois – promiscuité, performance, horaires, temps perdu dans les embouteillages… La plupart ont mené de brillantes carrières qui leur ont procuré des revenus suffisants pour pouvoir expérimenter un nouveau mode de vie.

D'autres, au contraire, sont issus du monde agricole, mais après avoir vu trimer leurs parents qui parvenaient à peine à joindre les deux bouts, ils veulent inventer une autre façon de produire. Souhaitant rompre avec ce qu'ils qualifient de modèle « productiviste », ils n'hésitent pas à lui imputer tous les maux et même à le caricaturer pour justifier leur choix, captant au passage visibilité et financements.

Le verdissement et ses limites

Les crédits verts se sont multipliés, permettent-ils une agriculture durable ? Rien n'est moins sûr. Les grands exportateurs, tout comme l'agroalimentaire, destinés à approvisionner les marchés urbains, font face en effet à des exigences et des contrôles draconiens. Les coopératives, les négociants, les industries de transformation savent qu'ils n'ont pas droit à l'erreur. Si des pays émergents comme le Brésil ou la Chine restent toujours accros aux pesticides, à la déforestation, à l'exploitation d'une main-d'œuvre sous-qualifiée, l'agrobusiness tant décrié évolue même dans ces pays émergents, ne serait-ce que pour séduire les consommateurs de plus en plus exigeants des villes, mais aussi pour répondre aux attentes environnementales de gouvernements soucieux des problèmes de pollution des sols et des eaux, de l'érosion des terres.

De plus en plus d'États sont en quête de respectabilité environnementale, et des crédits « verts » qui accompagnent cette dernière. Leur volume ne cesse d'enfler dans la finance internationale, avec les fonds carbone, les programmes REDD (réduction des émissions liées à la déforestation et à la dégradation), les mécanismes de compensation, les moyens alloués à la mitigation (réduction des émissions de GES) et à l'adaptation. L'Europe occidentale s'est engagée depuis le début des années 1990 dans un vaste mouvement de verdissement de son agriculture, par ailleurs encore très largement familiale. Le second pilier de la PAC, dédié aux financements agri-environnementaux, ne cesse de grossir, de même que les conditionnalités vertes. La prochaine PAC (2021-2025) accentuera encore les conditionnalités environnementales.

Caricaturer l'agriculture intensive, c'est donc faire peu de cas du vaste mouvement de remise en question qui la caractérise. Il ne faut jamais oublier que produire beaucoup et propre par unité de surface permet de mieux utiliser le carbone et d'économiser des forêts, deux points clés de l'idéologie du développement durable.

Si les nouveaux fonds innovants tendent à allouer une valeur financière aux services écosystémiques, par le biais des mécanismes de compensation et les banques vertes, la réalité montre que, sur le plan international, personne n'est prêt à les payer durablement, sauf pour acquérir des crédits carbone. De grands investisseurs sont passés maîtres dans la technique, des cabinets spécialisés se sont montés : le marché du carbone est une véritable usine à gaz mondiale, qui a même ses mafieux, capables de jouer sur les différences de législation pour accumuler des fortunes. Mais ceux qui souffrent de la faim ne se nourrissent pas de crédit carbone.

Au Brésil, le niveau de vie de la population est beaucoup plus élevé dans le Mato Grosso, front pionnier du soja, que dans la forêt amazonienne, où les indicateurs sociaux restent bas, car l'Amazonie forestière souffre, depuis qu'elle a été découverte par les Européens, de ne pas être « rentable », sauf quand on la défriche pour en extraire les produits et la livrer au *ranching*. Toute l'ambiguïté est là : on peut applaudir les Amérindiens d'être de merveilleux gardiens de la nature, mais beaucoup parmi eux souffrent d'être assignés à ce rôle, quand ils voudraient au contraire entrer dans la modernité et percevoir les royalties de l'exploitation forestière, agricole et minière.

L'Équateur, qui avait attendu de la communauté internationale qu'elle finance la non-exploitation des gisements pétroliers de sa forêt amazonienne, a finalement jeté l'éponge devant le peu de financements reçus et procédé à leur « mise en valeur », entendez l'extraction du pétrole et du gaz, puisque les carburants fossiles continuent massivement de faire tourner le monde. Décarboner l'économie ne doit pas conduire à des choix aberrants sur le plan technique, comme ces plantations visant à produire de la biomasse énergétique sans aucun intérêt, aucune retombée pour les populations locales. Le jatropha, le ricin ne sont pas comestibles, contrairement au maïs. Il n'est pas acceptable que, au nom de la chasse délirante au carbone comme en celui de l'apologie de la biodiversité sauvage (par opposition à la biodiversité ordinaire et domestique des éleveurs et des petits cultivateurs), des populations se voient désormais chassées de leurs territoires de cueillette et de chasse, comme les pygmées Baka d'Afrique centrale, victimes de milices financées par les ONG environnementales dont l'ONG Survival International dénonce les exactions. Enfermer dans une vision bucolique des populations locales en faisant l'apologie de pratiques agricoles qui les nourrissent à peine, c'est aussi leur dénier leur droit au développement, leur droit de choisir elles-mêmes leur destinée.

La question essentielle est de savoir comment concilier la rémunération des services environnementaux rendus par l'agriculture et sa vocation première et fondamentale, essentielle pour l'humanité, qui est de nourrir – sauf à s'en désintéresser en considérant que les hommes sont prédateurs et trop nombreux et qu'il faut de toute façon en limiter le nombre, et donc accepter les régulateurs que sont la famine, la malnutrition, la mortalité infantile élevée, le déterminisme de la maladie et de la mort précoce… Mais ce non-dit implicite de tous ceux qui déplorent la prétendue surpopulation de la planète n'est pas l'objet de ce livre.

Ne pas refaire de la nourriture un luxe

Dans la mesure où c'est la baisse du prix unitaire de la nourriture, alliée à une meilleure rémunération du paysan par l'augmentation des quantités produites, qui a permis de vaincre la faim en levant le frein malthusien, les modèles d'agriculture dite alternative sont-ils durables et généralisables ? L'agriculture conventionnelle donne 7 tonnes de blé et 10 tonnes de maïs à l'hectare, en économisant des terres, donc des forêts ou des zones naturelles. Comment ceux qui appellent à la généralisation de l'agriculture biologique s'accommodent-ils de rendements inférieurs d'un tiers et du retour de la plus grande incertitude dans les récoltes à cause des attaques parasitaires ?

Certes, la nature est moins sollicitée, mais combien d'hectares faudrait-il mettre en culture si l'on voulait généraliser ces systèmes alternatifs ? Qui acceptera que la nourriture redevienne une denrée de luxe ? Qui financera ce choix alors que le prix de la nourriture reste une donnée essentielle pour maintenir la paix sociale ? Les révolutions arabes de 2011, la guerre en Syrie ou au Soudan sont nées d'abord d'une flambée des prix en ville. L'exportation représente le quart des revenus de l'agriculture française. Se réorienter vers le local, le marché intérieur ? Quels en seront les conséquences géopolitiques ? Les Français sont-ils prêts aussi à accepter ce que signifie produire moins et plus cher, quand se nourrir absorbait plus du tiers du revenu dans les années 1960, contre moitié moins aujourd'hui (on avance même le chiffre de 11 %) ?

Aujourd'hui, quand un produit alimentaire s'affiche local, bio et bénéficiant d'un signe de qualité (AOP ou IGP, Label rouge), c'est mistral gagnant. Mais quelle est l'élasticité d'un tel marché ? Le nombre réel de consommateurs prêts à payer ? Il y a toujours le risque de l'engorgement de l'offre par rapport à une demande qui ne progresse que faiblement. On ne produit pas seulement pour les restaurateurs étoilés ou la petite frange de consommateurs très éduqués et très aisés, convaincus de la nécessité de payer la nourriture à son juste prix, et prêts à s'y engager sur la durée.

Les amapeurs (les agriculteurs engagés en AMAP, associations pour le maintien d'une agriculture paysanne) dépendent du bon vouloir d'un petit nombre de militants, prêts à cuisiner des produits de saison, même quand ils ne sont pas particulièrement affriolants. Topinambours, salsifis et autres rutabagas ne feront pas l'ordinaire de la famille de base, surtout quand l'épouse travaille à l'extérieur. Prétendre que la soupe maison ne prend pas plus de temps à préparer que la brique qu'on ouvre et met aux micro-ondes, c'est quand même se moquer du monde.

Monter en gamme, comme le prônent aujourd'hui les pouvoirs publics, ne permettra pas à l'agriculture française de résister à la concurrence internationale et aux difficultés internes. La compétitivité des prix devient de plus en plus difficile à maintenir dans des marchés ouverts et la réorientation de l'agriculture française vers la trilogie durabilité environnementale-qualité gustative-sécurité sanitaire ne peut être financièrement viable pour les agriculteurs que s'ils bénéficient de contractualisations solides et rémunératrices, sur des durées suffisamment longues pour justifier tous les investissements nécessaires et la baisse de production. Et il leur faudra de toute façon des soutiens financiers importants. Même les producteurs du beaufort de Savoie, fromage d'excellence, mais produit dans un milieu difficile et avec un cahier des charges contraignant, ne s'en sortiraient pas sans les aides européennes…

L'exemplarité agricole de la Bretagne

L'exemple de la Bretagne est particulièrement révélateur. Si je choisis la Bretagne, c'est parce qu'elle est particulièrement critiquée, à tort, comme symbole de l'agriculture industrielle et productiviste. C'est une vision profondément fausse et insultante parce que la réalité bretonne d'aujourd'hui est exactement inverse : la Bretagne est à la pointe de l'innovation écologique.

J'y ai visité de nombreuses exploitations agricoles, rencontré de nombreuses coopératives. Partout, j'ai été impressionnée par tout ce que les Bretons mettaient en œuvre pour répondre aux attentes sociétales, tout en ne renonçant pas à leur vocation nourricière. Dans cette terre profondément humanisée, longtemps très pauvre, le développement est passé par la modernisation des fermes en polyculture d'hier, qui vivotaient si mal que la Bretagne a été longtemps une terre misérable, en proie à l'émigration. Flaubert évoque les mendiants qui partout l'assaillent lors de son voyage en Bretagne, en 1847.

Aujourd'hui, un tissu de fermes familiales performantes a su se spécialiser dans des activités nourricières et rémunératrices : savoir anticiper fait partie de l'ADN breizh ! Dès les années 1970, des visionnaires tels qu'Alexis Gourvennec ont inventé Brittany Ferries et creusé le port en eau profonde de Roscoff pour approvisionner l'Angleterre voisine et toute la France en légumes et en protéines animales de premier choix. À présent, le pays de Bécassine, représentation que les Bretons jugent à raison insultante, est devenu une grande région nourricière, qui occupe la première place pour de nombreux aliments de qualité. La Bretagne fournit 85 % des choux-fleurs, artichauts et échalotes de France, la moitié des épinards, un quart des petits pois, des haricots verts et des tomates, plus de la moitié des porcs français – ces porcs que les Chinois convoitent car les leurs sont décimés par la pandémie de peste porcine africaine –, mais aussi 44 % de la production française d'œufs, 20 % de la production française de lait et de viande de volailles. Enfin, elle occupe aussi la première place pour la production d'aliments pour animaux. Tout cela, dans le plus grand respect écologique, qui fait que les départements bretons figurent dans le top 10 des départements les plus « propres » de France, où il fait bon vivre (à noter que la première place est occupée par la Gironde, ce qui relativise sérieusement les attaques incessantes que subit la viticulture bordelaise, qui s'est dotée elle aussi de chartes de qualité et de systèmes de management environnementaux précurseurs…).

Les taux de nitrates dans l'eau, hier élevés, sont tombés à un niveau inférieur de plus du tiers aux normes autorisées de 50 mg par litre en raison d'une gestion rigoureuse des effluents d'élevage. À Noyal-sur-Vilaine, l'agronome Christian Buson plaide d'ailleurs pour une réhabilitation des nitrites, essentiels à la santé humaine : « la façon dont ils ont été diabolisés ne se fonde sur aucune réalité scientifique. Nombre de légumes présentent naturellement des teneurs 10 à 100 fois supérieures aux 50 mg adoptés comme norme de potabilité. Nitrates et nitrites sont les précurseurs de l'oxyde nitrique (NO), dont la découverte a été couronnée par le prix Nobel de médecine en 1998 : l'oxyde nitrique est la molécule qui régule la circulation sanguine tout au long de l'existence et qui prévient et soulage les troubles cardiaques et les maladies liées à l'âge. La consommation de nitrates est bénéfique pour la santé, sans limite de dose. » N'étant pas compétente sur la question, je pense qu'il était important de lui laisser la parole, pour montrer combien nos points de vue peuvent être partiaux, combien le regard de la science ne cesse d'évoluer. Signalons aussi qu'à Noyal-sur-Vilaine se trouvent un espace éco-chanvre innovant pour promouvoir une fibre végétale historique

– hier indispensable à la marine, aujourd'hui novatrice pour les matériaux écologiques isolants dans la construction –, mais aussi la laiterie Triballat, née en 1951, qui vend désormais dans le monde entier ses produits laitiers bio (marque Vrai), ou à base de soja français sans OGM (marque Sojasun).

Les opinions ne peuvent tenir lieu d'analyses scientifiques, des décisions publiques peuvent être fondées sur de mauvaises raisons. Faire preuve de nuance et de mesure s'impose. Diaboliser les nitrites, le cholestérol, le gras, la viande, le sucre pour comprendre ensuite que, finalement, tout compte fait, ils ont leur fondement, n'est-ce pas aussi apprendre qu'en matière agricole et alimentaire, comme dans tous les domaines, il faut être capable de faire la part des choses sans s'emporter excessivement ? Après s'être battu contre l'utilisation de sels de nitrite dans les jambons comme conservateurs, on réalise aujourd'hui que ceux qui s'en sont débarrassés peuvent susciter une des maladies les plus graves, le botulisme…

Quant aux algues vertes, qui s'accumulent dans les fonds de baies où l'eau stagne, comme à Saint-Brieuc, sans que les agriculteurs n'y puissent grand-chose, elles peuvent être valorisées pour devenir une ressource de premier plan, afin de fournir de l'énergie et des engrais naturels. La société bretonne Olmix est leader mondial des produits algo-sourcés, qui peuvent permettre de remplacer les fertilisants minéraux dans l'agriculture, les antibiotiques dans l'élevage et fournir des produits alimentaires végétaux et sans allergènes dans la cosmétologie, la santé humaine, l'agroalimentaire…

À Saint-Pol-de-Léon, dans le nord du Finistère, j'ai visité la station expérimentale légumière du Caté, créée en 1965 par les producteurs bretons pour apporter à la filière horticole et maraîchère toutes les innovations visant à maintenir à la fois une agriculture compétitive, mais aussi à respecter les plus grandes exigences en termes de protection de l'environnement, dans la protection des récoltes, la fertilisation, les techniques de cultures. Je suis allée dans des coopératives et des groupements porcins, qui mettaient tout en œuvre, autant pour le bien-être de leurs bêtes que pour le respect des normes sanitaires et environnementales les plus strictes.

Il existe ainsi en Bretagne un ensemble d'activités et de pôles de recherche innovants qui utilisent une formidable variété de productions végétales et animales pour répondre à tous les défis du développement durable, et notamment le « plan climat breton ». Ce dernier programme de diminuer de 20 % les émissions de gaz à effet de serre de la région d'ici 2025 et d'accroître la part du renouvelable.

Dans cette région, première productrice de lait française, la ferme expérimentale de Trévarez, dans le Finistère, un des départements les plus écologiques de France, teste des filières de vaches « bas carbone », nourries notamment de tourteaux de colza et non plus de soja importé, dans le but d'accroître l'indépendance de la France en matière de protéines végétales et de cesser de contribuer indirectement à la déforestation tropicale. Il s'agit de diminuer les émissions de méthane des bovins en revoyant leur alimentation.

La filière « Bleu-Blanc-Cœur » incorpore ainsi lin, luzerne, féveroles, et, bien sûr, herbe dans leur régime alimentaire, pour améliorer leur santé et la nôtre, grâce à des produits plus riches en oméga 3.

Partout, en Bretagne, les agriculteurs innovent. Il suffit de se rendre à SPACE, cet immense salon consacré à l'élevage et aux productions animales qui se tient à Rennes chaque année depuis 1987, pour comprendre à quel point le monde agricole se bouge pour répondre à nos attentes. Et en profiter pour réhabiliter, enfin, le rôle essentiel de l'élevage.

12

Une nécessité, l'élevage

Moins les citadins sont au contact de la nature, plus ils l'aiment. Mais ils l'aiment sans la connaître, en y projetant leur sensibilité, leurs fantasmes, en l'idéalisant. L'émotion devient un puissant moteur d'indignation et de mobilisation. Le légitime souci du bien-être animal a désormais sa légion de militants dévoués, prêts à des actions violentes pour libérer des bêtes considérées comme emprisonnées et asservies. Protéger les animaux, pour un nombre croissant de personnes, signifie non seulement ne plus les manger, bien sûr, mais aussi ne plus les élever, ne plus les exhiber dans les cirques, les parcs aquatiques, les zoos.

Pourtant, les éleveurs rendent d'immenses services au monde, et les parcs animaliers et aquatiques, au-delà de leur fonction de divertissement, se sont investis d'une mission de sensibilisation, d'éducation et de conservation. Ils veillent à sauver des espèces menacées de disparition dans leur environnement naturel, comme le gavial du Gange ou le rhinocéros noir. Au point que l'UICN, qui gère la liste rouge des espèces en danger, les considère depuis 2002 comme des partenaires dans la protection de la nature. C'est grâce à leur action que certains animaux ont pu être réintroduits dans leur milieu naturel, comme le cheval de Przewalski, le bison ou l'oryx.

Radicalisation animalitaire

Mais l'antispécisme se mobilise contre toute forme d'utilisation de l'animal, y compris l'équitation, puisque « le cheval n'est pas une chaise »... Pourtant, les cavaliers de loisir vouent une affection immense à leurs chevaux, au point que la gériatrie équine est devenue une spécialité vétérinaire à part entière. Que savent les antispécistes du bonheur du cheval, herbivore craintif qui veut pouvoir se nourrir en toute sécurité et en abondance, et vit beaucoup plus longtemps en captivité que dans la nature ? Quant à la dénonciation de la violence intrinsèque au rituel de la corrida, que Hemingway qualifiait de sensibilité « animalitaire », elle englobe même la course camarguaise, qui honore pourtant le taureau sans jamais le mettre à mort, et justifie un élevage extensif garant de la biodiversité du delta du Rhône, oiseaux, batraciens, insectes, vie organique des sols.

Au sein des classes moyennes du monde, et particulièrement en Europe, la sensibilisation à la question animale entraîne une radicalisation de certaines personnes, jeunes souvent, prêtes aux actions violentes, voire meurtrières, pour défendre les droits des animaux et les enlever de tout circuit économique. La consommation de viande baisse globalement, sauf sous les formes affectionnées par cette jeunesse prête à se mobiliser par ailleurs : nuggets, burgers, kebabs ont de plus en plus de succès. Mais l'émotion et l'indignation sont devenues de puissants moteurs des réseaux sociaux, actionnés par des structures passées maîtres dans l'art d'exploiter leur puissance mobilisatrice.

Pourtant, remettre en question l'élevage confine à l'absurde lorsque, mus par une vision anthropomorphique, les activistes les plus déterminés mènent des opérations commando pour libérer des lapins ou des gallinacés dont l'espérance de vie dans la nature est bien courte : la prolificité exceptionnelle de la lapine est liée aux nombreux prédateurs de l'espèce, et un lapin sauvage vit rarement plus d'un an. S'introduire de nuit dans un élevage de lapins provoque la mort de stress de centaines d'animaux… Certains mouvements vous invitent à adopter une poule vieillissante sauvée de l'abattoir, ou un chien rapporté à grands frais de Corée. Il existe certes en Asie sinisée une vieille tradition culinaire qui continue de cuisiner les canidés, mais là encore, cette pratique est de plus en plus contestée par les classes moyennes urbaines instruites. Et au Japon, où la dénatalité atteint des niveaux impressionnants, de nombreuses personnes traitent leurs chiens comme des bébés, les promenant en poussette dans les parcs.

L'humanité a toujours dressé une barrière psychique entre les animaux de compagnie, considérés comme nos semblables, et les animaux dits de rente, élevés à des fins utilitaires. Mais cette barrière n'est pas fixe : l'Équateur se délecte de cochons d'Inde rôtis, les voir embrochés sur les marchés est assez déstabilisant. Les NAC (nouveaux animaux de compagnie) sont devenus, comme la gériatrie équine ou canine, une spécialité vétérinaire à part entière. Pourtant, est-ce la vocation des iguanes, des mygales ou des furets de vivre en appartement ?

Insectes et vaches sacrées

Une partie du monde consomme des insectes, chenilles, vers, sauterelles, et des araignées, aliments qui suscitent des haut-le-cœur chez les Européens, tout comme les Britanniques n'imaginent pas manger des grenouilles ou du cheval. Certains affirment aujourd'hui que les insectes, par la rapidité de leur croissance, sont les solutions alimentaires de demain. De nombreuses entreprises se sont lancées dans leur élevage intensif.

Au-delà des questions sanitaires et environnementales posées par de telles activités – dont la gestion des effluents et les risques de contamination doivent être sérieusement encadrés, avec pour l'instant un véritable manque de recul scientifique –, la question se pose de la vocation de tels élevages : leur incorporation à la nourriture humaine risque de se heurter à la question essentielle des interdits culturels, et pas plus que le musulman ou le juif ne consommera du porc, l'Occidental ne se résoudra à absorber des aliments qui lui paraissent totalement écœurants. Dans l'alimentation, les questions religieuses et culturelles sont primordiales et l'animal y occupe une place centrale.

En Inde, le gouvernement hindou nationaliste et suprémaciste du BJP fait de la vache sacrée l'emblème de l'indianité, ce qui se traduit par des assassinats d'éleveurs bovins, de confession musulmane ou appartenant aux basses castes, les seuls à pratiquer cette activité, dans la démocratie la plus violente et la plus inégalitaire du monde. Les exportations indiennes de viande bovine et l'industrie du cuir se sont effondrées, y compris celles concernant le buffle (qui n'est pourtant pas sacré pour les hindous), envoyant des milliers de personnes au chômage et à la faim, dans un pays où la malnutrition atteint déjà des records. Et même s'il existe des maisons de retraite pour vaches, leur sacralisation a eu pour conséquence indirecte l'abandon de milliers de bêtes, errantes et squelettiques, qui détruisent les récoltes : ne plus vouloir élever les animaux pour en utiliser le lait, la viande, la peau, c'est aussi risquer de les livrer à eux-mêmes, sans plus personne pour en prendre soin, les condamner à une vie misérable et entraîner à terme leur disparition.

Utiliser les insectes dans l'aquaculture permettrait en revanche de pouvoir nourrir les poissons d'élevage sans peser sur des ressources marines trop sollicitées, avec un gaspillage colossal de ressources, puisqu'on estime qu'un tiers des prises annuelles (de l'ordre de 170 millions de tonnes) est immédiatement rejeté à la mer. Un autre tiers, indistinctement prélevé dans la faune marine, fait juste office de « minerai » dans l'alimentation animale, les engrais, et diverses utilisations, pour lesquelles les prises servent uniquement d'expédients, au prix d'un véritable saccage des milieux marins.

Même si le secteur de la pêche s'est engagé dans un vaste mouvement de gestion intelligente de la ressource, avec des pratiques de plus en plus réglementées, il est aussi, hélas, le domaine privilégié du non-droit, des flibustiers de la pêche industrielle et illégale, qui ne respectent ni les zones protégées, ni les quotas, ni les zones économiques exclusives des États les plus fragiles (qui, eux-mêmes, n'hésitent pas souvent à brader leurs droits de pêche aux plus offrants), et la haute mer, qui n'appartient à personne reste un *far west*.

Des nations qui se considèrent culturellement comme très avancées, comme la Norvège, l'Islande ou le Japon, continuent de massacrer les cétacés, ce qui ne les empêche pas de se mobiliser pour la protection de la faune sauvage terrestre, finançant des ONG environnementales contre les pratiques jugées inacceptables des peuples traditionnels dès lors qu'il s'agit de lions ou d'éléphants ou donnant des leçons sur la préservation du Congo ou de l'Amazonie. Est-il acceptable que les grandes forêts tropicales et les océans restent livrés à une activité de chasseurs-cueilleurs, avec des méthodes de plus en plus brutales de prélèvement, quand l'humanité est engagée dans un vaste processus de remise en question de ses pratiques ?

Or l'élevage, c'est précisément ce qui évite de considérer la nature comme un vaste stock de ressources dans lequel puiser sans s'interroger sur leur pérennité et leur renouvellement. L'aquaculture est à la pêche ce que l'agriculture est à la chasse et à la cueillette. Nous n'en sommes plus à l'ère de l'extractivisme, terme brésilien qui désigne l'activité de prélèvement dans la nature, sinon dans les forêts tropicales, amazoniennes, africaines et du Sud-Est asiatique. Partout se pose la question de la gestion intelligente de la ressource, face à une humanité de plus en plus nombreuse et de plus en plus soucieuse de son environnement au fur et à mesure que son niveau de vie s'élève. Le fait que de plus en plus de personnes se déclarent désormais opposées à toute forme de consommation de produits animaux ne peut laisser indifférent.

En France, les vegans, qui appellent à bannir toute consommation et toute utilisation de l'animal (même le miel doit être proscrit), ne représentent que 0,5 % de la population, mais leur influence et leurs campagnes brutales dans les abattoirs et les élevages convainquent de plus en plus de personnes de limiter leur consommation de viande. Le végétarisme progresse et touche aujourd'hui environ une personne sur dix dans les pays développés. Des raisons économiques, le prix élevé de la viande, et des raisons médicales, puisque la consommation de viande et de charcuterie en excès est présentée comme néfaste à la santé (voire cancérogène probable selon le fameux CIRC), ce que des recherches récentes s'attachent d'ailleurs à démentir, s'ajoutent à des raisons culturelles : les végétariens ne veulent plus se nourrir d'animaux morts, les vegans, participer à leur exploitation. S'y greffe la mise en accusation de l'élevage, présenté comme antiécologique par ses émissions de gaz à effet de serre contribuant activement au changement climatique, et son gaspillage de terres et de ressources végétales qui pourraient être directement consommées par l'homme.

Toutes ces raisons expliquent que la partie la plus éduquée des classes moyennes occidentales, particulièrement au sein des jeunes, s'engage à présent dans une seconde transition alimentaire, qui voit régresser la consommation de protéines animales au profit de légumineuses et de divers produits de substitution, viande végétale, lait d'amande ou de soja, tofu, etc. De plus en plus de personnes refusent désormais de consommer de la viande, et particulièrement de la viande rouge issue de mammifères.

Au-delà de ses aspects excessifs ou caricaturaux, un tel mouvement de fond mérite d'être entendu. Il correspond à une aspiration profonde, celle de respecter le vivant dans sa globalité, de ne pas tuer des bêtes sensibles pour se nourrir de leur chair et, plus globalement, celle de se réconcilier avec la nature.

Mais quelle nature ? La filière avicole montre les ambiguïtés de nos attentes, et les fantasmes sur lesquels elles se fondent. Les consommateurs ne veulent plus d'œufs de poules élevées en batterie. Mais dans les élevages en plein air de poules pondeuses, plébiscitées désormais par le marché, les éleveurs doivent faire face au picage, à la pression parasitaire, aux multiples prédateurs, belettes, buses, renards… Les dominantes accaparent la nourriture et règlent leur compte aux dominées, car telle est la loi de la nature. Que savons-nous du bonheur de la poule qui voit fondre sur elle un renard, une buse ou une belette ? L'éleveur supporte des coûts de nourriture plus élevés car une partie des aliments est gaspillée, alors que la ponte est moins abondante. Peu importe, certes, puisque la plupart des consommateurs français ont les moyens d'assumer financièrement leur volonté de ne plus acheter des œufs de poules en batterie. Cette volonté a cependant un prix qui n'est pas négligeable : 2,40 euros le kilo d'œufs en code 0 (bio) contre 95 centimes en code 3 (cage). Or la protéine d'œuf, miracle d'équilibre nutritionnel, doit rester accessible aux pauvres. La production a été multipliée par 2 depuis les années 1990, mais si le monde consomme 1 000 milliards d'œufs chaque année, avec une moyenne de 145 par personne et par an, souvenons-nous que les Africains et les Asiatiques du Sud, là où on trouve le plus grand nombre de pauvres malnutris, sont toujours en dessous de 100. Quand le Français mange 230 œufs par personne et par an, et le Mexicain, record mondial, 350 œufs ! Là encore, la France est la championne d'Europe de la production, avec 15 milliards d'œufs produits chaque année. Elle en exporte une partie. La Chine absorbe sans surprise 40 % du total mondial. Les enjeux alimentaires autour de l'œuf sont donc considérables.

Le syndrome NIMBY

La filière avicole vit un grand chamboulement : pour répondre aux attentes de la société, elle veut sortir plus de la moitié des poules françaises de leurs cages d'ici 2022. Et elle est en passe d'atteindre cet objectif bien avant l'échéance choisie. C'est un effort colossal, qui a un coût important pour les éleveurs. Tant mieux pour tout le monde… si toutefois le marché absorbe ces œufs en acceptant de payer le surcoût de production. Pour le consommateur pauvre, le triplement du prix d'un aliment aussi essentiel qu'un œuf n'est pas anodin, surtout quand les industriels de l'agroalimentaire, grands consommateurs d'ovoproduits, tout comme la restauration rapide, se mettent à exiger à leur tour des œufs plein air et répercutent forcément la hausse du prix sur leurs produits.

Il faut se souvenir que si le confinement a été préféré à la basse-cour dans les années 1960, c'était pour deux très bonnes raisons. D'abord rationaliser l'aviculture en baissant le prix des œufs, alors que la demande de protéines animales, dans la France affamée de l'après-guerre, était forte. Il a fallu trouver des solutions, comme l'éclairage artificiel, pour que la ponte ait lieu toute l'année. Qui se souvient que, dans la nature, les poules ne pondent pas l'hiver ? La sélection génétique a permis de produire aujourd'hui de remarquables pondeuses. Ensuite le confinement permettait de limiter les contaminations aux salmonelles, responsables de toxi-infections majeures. Elles restent aujourd'hui encore la première cause de mortalité par contamination alimentaire chez les personnes âgées. En élevage de plein air, la biosécurité peut devenir un casse-tête car la pression parasitaire est plus forte. L'influenza aviaire peut se transformer en pandémie mondiale.

Pourtant, les aviculteurs, comme toutes les autres filières agricoles, sont à l'écoute des attentes sociétales et essaient en permanence de s'y adapter. En 2012, l'UE a adopté de nouvelles normes pour agrandir les cages. Si l'Europe du Nord est passée à des modes d'élevage alternatifs, les éleveurs français ont, eux, massivement choisi de se mettre en conformité. Aujourd'hui, le consommateur ne veut plus de cages du tout. Les éleveurs savent qu'ils n'ont pas le choix, mais beaucoup sont encore lourdement endettés par leur récente mise aux normes. Les poulaillers de plein air, grands consommateurs d'espaces (même si la poule se montre finalement assez peu aventureuse et reste prudemment près des abris), engendrent de nouvelles dépenses. Avec le risque de déplaire dans les campagnes, où le syndrome NIMBY (pas chez moi) touche particulièrement les néoruraux, qui veulent acheter des œufs de poules plein air, mais détestent cohabiter avec elles, ne supportant pas leurs caquètements incessants et les mouches qu'elles attirent. Le président de la coopérative Terre comtoise a ainsi dû affronter l'hostilité du voisinage quand il a voulu créer un grand élevage de plein air, dans une région où pourtant les œufs Coquy sont une institution. Même dans le Jura, exercer une activité agricole devient compliqué ! Même la biodynamie, en viticulture notamment, dans laquelle on recourt au cheval pour respecter les sols, travailler les pentes, rester au plus près de la nature, suscite des protestations indignées de riverains, furieux de voir des mouches et du crottin sur les routes (pourtant le meilleur engrais naturel). Alors ?

Améliorer la gestion environnementale des élevages

Beaucoup aujourd'hui assimilent l'élevage intensif au mal absolu. C'est pourtant, quand il est bien géré, le meilleur moyen de contrôler la sécurité sanitaire d'un cheptel, de produire de façon optimale de la protéine animale accessible au plus grand nombre en peu de temps, la meilleure façon de mettre en œuvre une économie circulaire intelligente permettant de limiter les émissions et de valoriser les effluents en produisant de l'énergie verte et des engrais. Le bilan carbone de l'élevage hors-sol bien mené est meilleur que celui de l'élevage à l'herbe, les rejets azotés diminués ! Et il économise des terres, qui peuvent être utilisées pour d'autres usages, voire rester forestières. Mais il est aussi grand émetteur d'ammoniac (NH_3), comme l'usage des fertilisants. On le voit une fois de plus, les solutions préconisées peuvent être jugées totalement différemment selon le référentiel que l'on adopte, les critères de durabilité que l'on se donne.

Les élevages porcins et avicoles travaillent à réduire leur impact environnemental, ils optimisent de plus en plus efficacement l'alimentation de leurs bêtes : il y a vingt ans, il fallait 270 kg d'aliments pour produire un porc de 115 kg, aujourd'hui 240 kg. La gestion environnementale des élevages porcins (GEEP) travaille sur la consommation d'eau, d'énergie, d'aliments, la couverture des fosses, l'amélioration de la conception des bâtiments et du matériel d'épandage, la réduction des effluents d'élevage, et leur raclage, que l'on couple avec une unité de méthanisation à la ferme. Ainsi la Cooperl, coopérative porcine basée à Lamballe, dans les Côtes-d'Armor, vient de créer le plus grand projet de méthanisation sans épandage d'Europe, un chef-d'œuvre d'économie circulaire qui pourra fournir trois quarts du gaz domestique consommé à Lamballe. À Dijon, qui mise sur la promotion d'un système alimentaire durable d'ici 2030, un quart du gaz produit en Bourgogne-Franche-Comté sera du gaz « vert », issu de la méthanisation végétale, avant 2023. Et la coopérative Dijon Céréales a lancé les cultures intermédiaires à vocation énergétique (CIVE), du seigle fourrager essentiellement, qui permettront de protéger les sols, d'allonger les rotations sans concurrencer les cultures alimentaires.

Réduction des émissions et performances économiques vont de pair. Même en matière de bien-être animal, il faut être prudent : les vaches n'ont pas forcément envie d'affronter le froid et l'humidité dans les champs quand il pleut. Il est souvent difficile de les convaincre de s'éloigner de l'étable où elles ont du foin, du confort, de la tranquillité. Surtout si elle est dotée d'un robot de traite, qui leur garantit de pouvoir soulager leurs pis gonflés plusieurs fois par jour en se faisant masser et en mangeant une ration concentrée d'aliments qu'elles adorent (on est obligé de configurer leur collier pour qu'elles ne puissent y avoir accès que trois fois !). La coopérative Terre comtoise a lancé un programme de soja français, sans OGM, pour fabriquer de l'aliment pour le bétail qui ne contribue pas à la déforestation tropicale et accroît l'autonomie de la France en protéines végétales.

Sortir les poules, rentrer les légumes

Pour les poules, il existe une solution de compromis entre la batterie, concentrationnaire mais sûre, et le plein air, aléatoire pour les poules et la productivité des élevages : la volière, avec des poules confinées pour leur sécurité et la nôtre, mais en liberté dans un immense espace. Sauf que ce que veulent réellement les ONG abolitionnistes qui ont l'oreille des médias et la faveur d'acteurs prêts à enfourcher le grand cheval de bataille de l'indignation auto-promotionnelle, c'est en réalité la disparition de l'élevage. Au contraire des ONG dites *welfaristes* – dont la préoccupation est d'abord d'améliorer le bien-être de nos animaux dits de rente, terme qu'il faudrait bannir –, les abolitionnistes avancent masqués et instrumentalisent des scandales réels, mais isolés, en les présentant comme des généralités. L'opinion publique, sensible au ressort de l'émotion, exige désormais, sans rien vouloir connaître d'autre, l'œuf de plein air. Les distributeurs et les industriels, comme toujours, se tournent vers l'agriculteur et le pressurent, indifférents à ses contraintes techniques.

Comme souvent, ce sera la survenue d'une crise sanitaire majeure qui changera brutalement le regard des médias, donc des consommateurs, particulièrement amnésiques et versatiles. Le prétendu « scandale » des poules en plein air, dont on découvrira soudain qu'elles rendent les œufs plus chers et moins sûrs, poussera l'opinion publique à exiger des œufs indemnes de tout risque de contamination. Après avoir sorti les poules, on les fera rentrer, comme on fait rentrer les légumes sous serre dans le « zéro pesticides ». Et une fois de plus, les éleveurs s'adapteront. La crise sanitaire qui a secoué l'Europe en 2017, dite du fipronil, un antiparasitaire retrouvé – certes en traces plus qu'infimes – dans des œufs issus du nord de la France, montre l'extrême sensibilité du citoyen. Alors que le fipronil n'a jamais menacé le consommateur (qui en asperge ses animaux de compagnie pour les débarrasser des tiques et des puces), que les taux étaient bien en dessous des normes de dangerosité, elles-mêmes calculées de façon extrêmement sévères, tout le monde s'est affolé. Certes le fipronil n'aurait pas dû se retrouver dans les œufs… mais qui sait que c'est justement parce que les éleveurs du nord de l'Europe sont passés, bien avant les Français, au plein air et au bio que le fipronil s'est retrouvé par erreur dans leurs poulaillers ? Ils voulaient prévenir les risques de contamination bactérienne. Mourir d'une salmonellose, comme cela arrive encore régulièrement dans les pays en développement, est autrement plus grave que trouver des traces infinitésimales de fipronil dans un œuf… Mais le risque chimique, pourtant proche de zéro, a néanmoins causé l'abattage de millions de poules sans que s'élève la moindre protestation : lorsque le consommateur pense que sa santé est en jeu, il n'a aucun scrupule à la faire passer avant le bien-être animal.

Des millions de canards ont été ainsi abattus dans le Sud-Ouest en 2018 en raison d'une suspicion de grippe aviaire. Des milliers de vaches dans les années 2000 parce que nous redoutions l'ESB. Les gouvernements européens en ont profité pour réguler un effectif bovin jugé excédentaire, n'hésitant pas à décréter l'abattage de tout un cheptel pour une seule bête malade, ou suspectée de l'être. Certains éleveurs en furent tellement bouleversés qu'ils se suicidèrent. Mais cette espèce en grand danger qu'est l'éleveur émeut beaucoup moins l'opinion publique que le sort des animaux qu'il élève.

L'élevage, allié de la planète

Faut-il cesser de manger de la viande pour sauver la planète ? Bannir sa consommation n'accroîtra ni les terres cultivables, ni les disponibilités alimentaires mondiales : les systèmes agropastoraux, l'élevage, les prairies occupent 3,4 milliards d'hectares, généralement dans des lieux que l'on ne peut pas convertir aisément en champs cultivés. Steppes, marais, savanes, pentes, hauts plateaux, moyenne montagne, toujours aux sols médiocres, voire franchement mauvais. L'élevage fait vivre directement ou indirectement 2 milliards de personnes dans le monde, dans des régions souvent marquées par l'aridité que seuls peuvent valoriser les animaux. Leurs troupeaux (vaches, zébus, buffles, yacks, rennes, dromadaires, petits ruminants, chevaux…)

les nourrissent de précieuses protéines animales, les transportent, leur fournissent habits, outils, logements, graisses pour s'éclairer… Une véritable banque naturelle, dont la valeur est aussi économique que symbolique, ces éleveurs entretenant avec leurs animaux des liens très forts, affectifs, spirituels, religieux. S'ils se retrouvaient privés de leurs bêtes, que deviendraient-ils ? C'est l'animal qui réussit le prodige de convertir des territoires pauvres en des protéines animales de premier choix, et il y est respecté, voire sacré. Comment penser que l'on pourrait se passer d'élevage ? Non seulement les terres ainsi « libérées » ne deviendraient pas des terres à céréales, mais les éleveurs dépossédés de leurs revenus convergeraient vers des villes refuges. Qui les nourrirait alors, surtout s'ils n'ont plus de pouvoir d'achat ?

Certes les animaux consomment près de la moitié des céréales produites sur la terre, mais sans ces animaux pour les valoriser, ces céréales cesseraient d'être cultivées, car la production de nourriture s'adapte à la demande solvable. L'extension de la peste porcine africaine en Europe de l'Est comme en Asie orientale (Chine, Vietnam, Corée du Nord…), très gros importateurs de maïs, met certes temporairement plus de maïs sur le marché, mais comme les cours s'effondrent, la production mondiale va se réajuster. Les malnutris sont des non-consommateurs, trop pauvres pour acheter de la nourriture qui existe déjà pourtant en quantité suffisante sur la terre. Priver les éleveurs de leurs troupeaux, c'est les faire basculer dans le camp des malnutris, pas augmenter la quantité de céréales disponibles sur la terre ! Ce qui veut dire que les élevages en plein air, les vastes prairies, les prés soigneusement entretenus sont indispensables, non seulement pour notre santé, mais aussi pour celle de la planète.

Et puis comment espérer passer à l'agriculture biologique, qui refuse l'utilisation d'intrants chimiques, si l'on se prive en plus d'engrais organiques ? Bio et véganisme ne font pas bon ménage, il faut choisir. Produire de la viande de synthèse en laboratoire, pourquoi pas, mais avec quel bilan carbone pour ces produits ultra-transformés, qui supposent un recours intensif à la chimie ? À quel coût ? Et que deviennent les steppes, les prairies, la moyenne montagne ? Quels avantages pour la gastronomie et ces paysages qui attirent les touristes, émerveillés par la beauté de prairies fleuries et accessibles (les animaux maintiennent ouverts les paysages), apportant des revenus et des emplois à des territoires souvent difficiles ou enclavés ? Que deviendraient les éleveurs du Jura, leurs fruitières, les affineurs ? Toute une filière qui valorise des milieux difficiles en enchantant les touristes… Cesser de manger des produits d'origine animale dans l'état actuel des choses, ce serait donc au contraire aggraver la faim !

Des pauvres avides de protéines animales

Certes, la surconsommation de viande provoque des maladies cardio-vasculaires, l'abus de la cuisson au barbecue et de la charcuterie en salaison a été déclaré cancérogène probable par le CIRC, rattaché au système des Nations unies (celui qui a classé le glyphosate dans la même catégorie, contre l'avis de toutes les autres agences sanitaires nationales et internationales). En France, la consommation de viande a diminué de 15 % par rapport aux années 1990. Les raisons économiques y jouent un rôle déterminant : la viande reste un produit cher. Les pauvres le savent bien, ils la réservent aux occasions exceptionnelles. La moyenne mondiale reste très éloignée des 120 kg américains : 42 kg par habitant et par an, 33 kg si l'on ne prend que les pays en développement.

Or, c'est la monotonie de l'alimentation des pauvres, à base de tubercules et de céréales, qui entraîne retards de croissance et ces carences qui affectent plus de 2 milliards de personnes dans le monde, anémie, cécité, rachitisme… Pour eux, l'accès au yaourt, au lait, aux fromages, à la viande représente encore le symbole d'une vie réussie. La montée des classes moyennes fait entrer le monde dans la transition alimentaire, où ces pauvres malnutris passent d'un seul repas par jour composé d'hydrates de carbone, à trois repas riches en aliments de qualité, contenant des lipides et des protéines animales. Partout la consommation de protéines d'origine animale est considérée comme un indicateur de sécurité alimentaire.

La FAO estime que le monde doublera pratiquement sa consommation de viande d'ici 2050 (310 millions de tonnes aujourd'hui, mais 71 millions de tonnes seulement en 1960 quand un tiers de la population mondiale souffrait de la faim), ce qui veut dire qu'il faudra produire 300 millions de tonnes de viande supplémentaires pour répondre aux attentes des classes moyennes émergentes. Même évolution attendue pour le lait : avec 104 litres seulement par personne et par an, contre plus de 250 litres dans les pays riches, la grande majorité des pays du monde est déficitaire. Les Africains ne consomment que 43 litres ! Le monde manque cruellement de produits laitiers. Il faudra passer de 750 millions de tonnes à plus d'un milliard d'ici trente ans.

Que l'on n'accepte plus de consommer de la viande issue d'élevages ou d'abattoirs non respectueux du bien-être animal, que les carnivores se muent de plus en plus en flexitariens, consommant moins de viande mais mieux, sont des évolutions naturelles et souhaitables. Mais appeler à la généralisation du végétarisme est un réflexe de nantis, qui ne tient donc pas compte des aspirations des affamés d'hier à vaincre la malnutrition de la pauvreté. Nous avons oublié cette réalité. Ou nous nous en fichons.

Bannir l'élevage ? Un crime contre la transition écologique et contre l'humanité

La réalité, c'est que beaucoup d'associations, sous couvert de dénoncer les abus, militent en réalité pour la généralisation du véganisme. Et c'est là que le bât blesse. Bannir l'élevage n'apporterait rien sur le plan écologique. Non seulement les prairies, qui occupent 3,4 milliards d'hectares dans le monde (14 millions d'hectares en France, soit la moitié de la SAU), permettent de valoriser des terres de second choix, mais elles jouent un rôle essentiel dans au moins cinq domaines : l'entretien de la biodiversité, l'ouverture et la qualité des paysages, le maintien de sols riches en matière organique, la lutte contre l'incendie en régions sèches et la résilience face au changement climatique.

Pour la FAO, les systèmes herbagers des pays tempérés sont parmi les plus performants au monde en termes de captage de gaz à effet de serre par unité produite : 65 tonnes de CO_2 à l'hectare pour une prairie bien gérée ! En France, les prairies permanentes représentent plus du cinquième du carbone stocké dans les sols. Elles se situent certes derrière les forêts, qui en assurent près de 40 %, mais justement, ne choisissons pas des systèmes moins productifs, comme l'agriculture biologique, qui obligeraient à déforester pour maintenir le même niveau de production, et ne bannissons pas l'élevage, ce qui nous priverait de ces remarquables infrastructures agroécologiques !

Les vaches émettent certes du méthane, mais les prairies le compensent, d'autant que la transition écologique est à l'œuvre dans bien des élevages. Le chiffre souvent entendu de 15 000 litres d'eau potable pour fournir un kilo de bœuf ne précise pas que 93 % de cette eau est de l'eau de pluie qui tombe du ciel et retourne au sol. La norme ISO 140 046 qui prend en compte la totalité du cycle de vie de l'activité aboutit à un calcul bien différent : 50 litres seulement !

Un excellent convertisseur de céréales

On entend souvent que la planète ne pourra pas supporter le fardeau de la généralisation de la consommation de protéines animales, alors qu'il faudrait, dit-on, sept calories végétales pour produire une calorie animale. En réalité, la viande est un bien meilleur convertisseur de céréales qu'on ne l'affirme. Le porc et le poulet, premières viandes mondiales, produisent très rapidement des protéines animales d'une qualité nutritionnelle supérieure aux protéines végétales qui ont permis de les obtenir. Avec 100 kg de maïs, on obtient mille œufs, ou 80 kg de volaille, ou encore 60 kg de cochon. Quant aux bovins qui pâturent l'herbe, ils transforment un aliment impropre à la consommation humaine, l'herbe, en une nourriture de premier choix, valorisant des terres médiocres. Leur lait est indispensable aux jeunes enfants, d'autant que toutes les mères ne peuvent pas allaiter, et qu'il est inimaginable que, pour épargner les vaches, on assigne à de jeunes femmes issues de milieux défavorisés le rôle de nourrice, les transformant en usines à lait. Qui imaginerait une solution si déshumanisée, qui nous renverrait tout droit aux temps anciens où les femmes aisées refusaient d'allaiter ?

Respecter le travail des éleveurs

Heureusement, et c'est le grand mérite dont on peut créditer les ONG *welfaristes*, la préoccupation du bien-être animal progresse. La France s'est dotée d'une stratégie nationale pour le garantir. Les syndicats d'éleveurs adoptent tous des chartes de bonnes pratiques d'élevage. Mais ce serait faire insulte aux éleveurs que de croire qu'ils ont attendu de telles dispositions pour se préoccuper de la santé de leurs bêtes, surtout dans un modèle de fermes familiales comme en France. Pour qu'un éleveur aille bien, il faut que son élevage se porte bien.

En raison des difficultés du métier, charges de travail, difficultés à s'absenter, mais aussi rémunérations insuffisantes et idolâtrie urbaine de bêtes sauvages (loups, ours, éléphants, tigres…) qui dévastent les troupeaux précisément dans les milieux les plus difficiles, où on aurait besoin d'éleveurs pour entretenir les paysages, beaucoup de ces derniers mettent la clé sous la porte. La France se céréalise, avec des rendements qui ne sont pas au rendez-vous. La friche gagne des régions où plus personne n'entretient les prairies. Les promeneurs voient se fermer la moyenne montagne embroussaillée. Ils peuvent se consoler en pensant que l'ours et le loup ont gagné la partie. Jusqu'au jour où ils ne pourront plus concrètement randonner, parce que la montagne sera inaccessible. Et dangereuse.

Respecter le travail et bien rémunérer les éleveurs, mais aussi les soutenir face aux difficultés qu'ils rencontrent, est une nécessité absolue. Ils sont d'intérêt général pour nos paysages, nos prairies, notre aptitude à faire face et limiter le changement climatique.

Un besoin crucial de lait

Comme l'œuf, le lait est un aliment essentiel dont les potentialités sont encore loin d'avoir été exploitées. Dans une France qui détient le cinquième du cheptel bovin européen, les 300 000 éleveurs laitiers et les quelque 800 entreprises qui transforment leurs produits souffrent de la fluctuation des cours, de la concurrence internationale, sur lesquelles se greffent, comme toujours, les critiques sociétales. Pour tous ceux qui vivent de cet aliment si noble qu'est le lait, retrouver de la reconnaissance et de la valeur s'impose.

Dans les Hauts-de-France, grande région nourricière, la coopérative Ingredia, qui s'appelait à sa création, en 1949, la Prospérité fermière, quand il s'agissait d'unir les éleveurs pour leur permettre de mieux gagner leur vie, est pionnière dans ce qu'on appelle le *cracking* du lait. C'est-à-dire sa fragmentation en des nutriments de premier choix, dont la valeur est bien supérieure à celle du lait brut. Ingredia est ainsi devenue le troisième acteur mondial de production de protéines essentielles, elle travaille au développement de la caséine micellaire ou de bioactifs laitiers, tels que le lactium ou le colostrum. Hier inutilisés, ils sont reconnus aujourd'hui essentiels pour la santé et la nutrition.

Sportifs, diabétiques, personnes âgées atteintes de sarcopénie (la fonte de la masse musculaire), lutte contre le cancer… les applications développées par Ingredia sont innombrables. Ainsi, les braves vaches du Nord – élevées à l'herbe une partie de l'année (il fait froid et humide l'hiver dans le Nord, et les vaches se sentent beaucoup mieux au chaud dans l'étable, avec de la nourriture à volonté), mais avec des colliers connectés – montrent que l'on peut faire en même temps du bien à l'humanité, à la planète et à sa région, en créant, grâce à une innovation permanente, des richesses, des emplois et des paysages de qualité.

Ingredia a fait de l'écologie et du développement durable ses priorités, avec une gestion rigoureuse de l'eau et des effluents, la baisse constante de l'utilisation de soja importé au profit de productions françaises. La coopérative, dirigée par une femme de talent, Sandrine Delory, travaille en partenariat avec le WWF et Welfarm. Elle a créé des filiales au Canada, aux États-Unis et à Singapour, ouvert une ligne bio. Elle diversifie sans cesse sa gamme de produits et approvisionne l'usine Häagen-Dazs voisine, qui fabrique près d'Arras les glaces haut de gamme destinées à toute l'Europe.

Être bon dans tous les domaines… et continuer de progresser

C'est exactement cela, la troisième révolution agricole : être bon dans tous les domaines, cocher toutes les cases. Climat, environnement, santé, maintien de l'emploi, bien-être animal, création de valeur, positionnement sur tous les créneaux, du bio à la recherche la plus avancée sur de nouveaux produits nutritionnels et de santé.

Bannir l'élevage serait donc un crime, contre la nature et contre l'humanité. Faut-il alors ne plus tuer les animaux, se contenter de boire le lait des vaches et de manger les œufs des poules en les laissant vieillir et mourir de leur belle mort ? Alors acceptons de transformer des millions d'hectares de forêts en prairies improductives et des millions d'éleveurs en gardiens rémunérés de maisons de retraite pour animaux vieillissants. Ces choix éthiques, certes respectables, se traduiront à terme par la disparition des animaux dans les campagnes, donc des pâturages et du bocage, qui sont les meilleurs paysages pour la planète à l'heure de l'agroécologie, mais aussi de la recherche d'une meilleure autonomie pour les nouvelles exploitations agricoles, dont beaucoup veulent réintroduire l'animal en vue d'une démarche d'économie circulaire : moindre dépendance à l'égard des engrais de synthèse, possibilité de créer du gaz vert par la méthanisation, diversification des productions… La France qui veut pouvoir atteindre 10 % de gaz renouvelable d'ici 2030 (plan Biogaz) compte aujourd'hui des milliers de projets de méthanisation à la ferme. Ils sont encore plus nombreux en Allemagne, et très soutenus par un État qui a fermé ses centrales nucléaires. L'État français s'engage à racheter le gaz à prix garanti pendant quinze ans. Se passer d'engrais de synthèse en bio, améliorer le bilan énergétique de la ferme et bannir l'élevage ? C'est impossible !

À l'image d'Ingredia et de bien d'autres coopératives et syndicats d'éleveurs, en France comme partout dans le monde, se mettent en place des critères très exigeants de durabilité et de bien-être animal, dans une démarche de responsabilité sociale et environnementale. Lorsqu'il choisit les produits issus de ces structures, le consommateur sait qu'il opte pour des protéines animales de qualité, issues d'animaux élevés dans de bonnes conditions, abattus dans des structures professionnelles, contrôlées, rigoureuses. Les éleveurs ont besoin de consommateurs exigeants et informés et de partenariats intelligents avec la société civile.

Continuer à progresser

Le chantier est loin d'être terminé. Ne plus castrer les porcelets à vif ; en finir avec la caudectomie ou le limage des dents ; pratiquer le sexage des œufs avant leur éclosion pour éviter l'affreux broyage des poussins mâles ou des canetons femelles – qui ne font pas l'objet de gavage, une activité qui elle aussi mérite d'être questionnée – ; obtenir par sélection génétique – comme le fait la coopérative bretonne Évolution, un des leaders mondiaux de l'insémination artificielle et de la génétique dans la reproduction animale – des bovins sans cornes pour éviter l'écornage – douloureux pour les veaux et dangereux pour l'éleveur – ; privilégier les animaux élevés près de chez soi, ou venant de pays qui luttent contre la déforestation ; choisir des produits dotés d'indications de provenance, de certifications environnementales, de labels de qualité ; c'est toute une démarche responsable menée par les éleveurs, et qui répond pleinement aux attentes des nouveaux consom'acteurs. Mais elle suppose aussi que ces derniers privilégient les agriculteurs et les entreprises qui s'engagent résolument dans la transparence, la traçabilité, la qualité. Et acceptent de payer le prix de leurs exigences. Les éleveurs de limousines ou de charolaises ne comprennent pas que leurs bêtes élevées à l'herbe leur soient payées au prix de la viande hachée de base. Et ils ne peuvent pas s'en sortir si on ne rémunère pas leur travail.

Et qui aura le courage de mettre fin aux modes d'abattage rituels, qui entraînent d'incommensurables souffrances animales ? Les combats menés par les ONG font souvent l'impasse sur ce point essentiel : pas folles, les guêpes, il faut toujours s'attaquer à plus faible que soi. L'agriculteur isolé est une cible idéale. Voilà pourquoi il faut toujours soulever l'écran de leurs campagnes de communication, pour savoir qui les finance et dans quel but. La pureté des militants laisse place alors à d'autres logiques, beaucoup moins désintéressées.

Pas de planète sans paysans

Petit bréviaire de la troisième révolution agricole

Alors que le changement climatique et les attentes sociétales bouleversent notre relation à ce que nous mangeons, la troisième révolution agricole a commencé. Une nouvelle agriculture est en train de naître. Partout, la façon de produire la nourriture qui nous est indispensable tout en préservant la terre, les sols, la biodiversité suscite des interrogations et des passions. Partout, l'innovation est en marche.

Mais il faut se méfier des solutions toutes faites, du risque d'un retour en arrière, des menaces sur notre sécurité alimentaire. C'est un défi immense pour l'humanité que se nourrir tout en protégeant la planète. Nous avons les moyens de le relever… à condition de ne pas nous embarquer sur de mauvais chemins.

Ce livre l'a montré, l'agriculture peut aujourd'hui répondre à six missions essentielles, que l'on peut résumer par les 6 F. Nourrir les hommes (*food*), nourrir les animaux qui nourrissent les hommes (*feed*), entretenir et même créer de la biodiversité (*forest*), verdir la chimie (*fiber*) et l'énergie (*fuel*), réparer la planète en participant à la lutte contre le changement climatique (*fix*).

Les 9 P fondamentaux

Pour y parvenir, 9 P sont donc nécessaires.

La *paix*, bien sûr, la famine est indissociable de la guerre.

De bonnes *plantes*, donc de la recherche agronomique.

Des *pluies*, et, comme elles deviennent irrégulières ou sporadiques, des *puits*, c'est-à-dire de l'irrigation.

Des *prix*, car personne ne produit s'il n'est pas correctement rémunéré.

De bonnes *politiques*, car il faut en même temps que la nourriture reste accessible au consommateur urbain.

La *propriété*, c'est-à-dire la sécurisation foncière : comment investir sur une terre qui ne vous appartient pas ? Tous les paysans ont besoin que leur outil de travail soit pérennisé, afin de ne pas s'exposer à la précarité. La petite propriété familiale permet de créer une classe paysanne confiante envers l'avenir, et un marché intérieur, condition du développement.

La *protection* enfin, qui doit être double : protection des agriculteurs contre un marché mondial de plus en plus volatil, où le seul critère du prix est déterminant, mais aussi protection des récoltes contre leurs innombrables bioagresseurs, que la mondialisation et l'interdiction de produits jugés toxiques rendent de plus en plus virulents.

Et le premier des P, le plus important de tous, c'est bien sûr le *paysan*. Sans lui, rien ne sera possible.

Nous devons tout mettre en œuvre pour préserver une agriculture paysanne. Familiale, faisant vivre les campagnes, embellissant les paysages.

Pas de pays sans paysan, pas de paysage sans paysan.

Sept principes essentiels

La troisième révolution agricole doit être dictée par sept principes essentiels :

1. Ne pas refuser la modernité

Nourrir le monde requiert l'agriculture la plus efficace et intelligente possible. Toutes les solutions qui supposent un retour en arrière en termes de pénibilité, de temps de travail, de pertes de récoltes ne sont pas durables. L'innovation figure au cœur du métier d'agriculteur, elle demande des professionnels de plus en plus et de mieux en mieux formés, l'accès à des technologies de pointe, pour faire face au changement climatique, à la nécessité de combattre les bioagresseurs des cultures et des animaux sans recourir de façon excessive à la chimie (qui reste absolument nécessaire face aux dangers qui nous menacent), tout en continuant d'assurer sa fonction productive. Machines, capteurs, agriculture connectée, robotique, intelligence artificielle, l'agriculture invente le futur, et ne peut s'exercer dans le plus grand respect de la nature que si elle la connaît de mieux en mieux.

2. Accepter et affronter la complexité

L'agriculteur est passé d'un métier dont la modernisation, hier synonyme de simplification – l'application de solutions toutes faites, la standardisation, fût-ce au prix de l'asservissement, voire de la négation de la nature –, nécessite aujourd'hui un savoir-faire complexe, fondé sur une connaissance de plus en plus fine des sols, des plantes, des expositions, des aléas météorologiques, dans un contexte de modification rapide des paysages, des conditions de vie, du climat, mais aussi des attentes sociétales. Il faut pour pouvoir la mettre en œuvre des agriculteurs compétents, professionnels, formés et respectés.

3. Associer les modèles et non les opposer

Le monde paysan est tellement pluriel qu'aucune solution miracle n'existe aujourd'hui pour assurer sa bonne santé et sa pérennité. Tout comme il existe une infinité de terroirs, de marchés, de sols, de climats, il existe une infinité de filières, de spécialisations, de modes de production. Les opposer ne sert à rien. Une plus grande solidarité devrait d'ailleurs régner au sein du monde rural afin qu'il puisse objecter un discours organisé, cohérent et uni face aux attaques injustifiées dont il est l'objet. Le bio ne nourrira pas le monde, mais il a toute sa place dans une mosaïque de solutions ; la permaculture est une science complexe qui ne peut pas être généralisée parce qu'elle suppose une forte intensité technologique ou de main-d'œuvre, mais elle peut valoriser des microterritoires ; l'hydroponie est une façon intelligente de produire hors-sol, mais elle ne résoudra pas la nécessité de mobiliser partout une irrigation fondée sur la gestion économe et optimisée de la ressource en eau ; l'agriculture urbaine ne se substituera pas à celle des territoires ruraux car les grandes cultures sont indispensables… La seule nécessité est de mettre en place partout une agriculture de précision, qui prenne en compte à la fois le coût de sa mise en œuvre, ses résultats en termes de production, la façon dont elle rémunère ses acteurs, et bien sûr son bilan environnemental, climatique, énergétique, paysager... Et sa finalité. Nourricière, distractive, paysagère ?

4. Rester compétitif

Si la vocation assignée à l'agriculture est nourricière, elle doit rester compétitive. Performante, efficace et sûre, sous peine de compromettre la sécurité alimentaire, à l'échelle du foyer, du pays, ou du monde. Il faut produire suffisamment, à bas prix, de façon sûre et saine, pour tous. L'agriculture dite à tort conventionnelle est d'abord une agriculture puissante, efficiente et compétitive, qui économise des surfaces, du temps et de la pénibilité pour nourrir le monde à bas prix et en toutes saisons.

Trop de modèles aujourd'hui se révèlent extrêmement chronophages et coûteux, pour donner finalement trop peu de nourriture. Continuer à produire de façon performante doit être le premier objectif. La vocation de l'agriculture est de répondre au premier besoin de l'humanité, bénéficier d'une alimentation abondante et diversifiée qui lui permette de vivre longtemps en bonne santé. Il faut toujours avoir présent à l'esprit que les solutions adoptées doivent être rentables, donc pouvoir s'autofinancer à moyen terme sans soutiens financiers massifs. Sinon, elles ne seront pas durables.

5. Opter pour la diversification

Se diversifier en s'ouvrant à d'autres modes de production, pour conquérir de nouveaux marchés et gagner de la valeur, est un impératif, l'agriculteur ne doit surtout pas mettre tous ses œufs dans le même panier. Il faut se méfier des injonctions des marchés et des pouvoirs publics, qui risquent de l'entraîner dans des impasses : l'élasticité de la demande sur des produits haut de gamme est limitée, tout comme les débouchés offerts par les circuits courts. Désarmer sur la question des phytos, c'est risquer de graves crises sanitaires. Se lancer dans de faramineux investissements sans contreparties suffisantes sur le plan des débouchés et des prix expose à la faillite.

6. Passer de la verticalité du silo à l'horizontalité des contrats intégrés de territoires

On ne peut plus aborder l'agriculture seulement à l'échelle des filières, même si celles-ci sont en train de faire leur révolution écologique : il faut remettre au cœur de la troisième révolution agricole la question des territoires. L'agriculture est une activité au sein d'un tout, qui implique infiniment d'autres acteurs. Ses espaces sont devenus multifonctionnels : il faut non seulement nourrir mais préserver la biodiversité, créer de l'énergie, recycler les déchets et les intégrer dans une démarche d'économie circulaire, être vivants, vivables et beaux. Pour réussir cette synthèse, qui doit devenir une symbiose, tous les acteurs du territoire, les agriculteurs, les pouvoirs publics, les élus, les entreprises, des experts capables de mobiliser toutes les sciences fondamentales pour comprendre le monde, qu'elles soient « dures » ou « humaines », géographie, économie, sociologie, science politique, agronomie, biologie, climatologie, pédologie, doivent être associés. Comprendre le fonctionnement des territoires et la diversité des ressources, les optimiser en les valorisant, est au cœur du projet agricole : aucune profession ne dépend plus des milieux naturels que l'agriculture. Pour assurer la bonne santé des territoires, le bonheur d'y vivre, les rendre attractifs, il existe une infinité de solutions et d'échelles d'action. Une pluralité d'acteurs autour d'objectifs définis conjointement, c'est cela, le développement durable. Seuls des contrats intégrés de territoires, dans une vision de moyen terme, peuvent permettre d'anticiper l'avenir avec sérénité et de faire évoluer nos paysages, qui sont eux-mêmes des héritages, dans le sens de milieux résilients, nourriciers, vivants. Ils passent par la définition d'objectifs, des chartes de bon voisinage, des codes de bonne conduite, des labels de haute qualité environnementale. Mais aussi par l'acceptation qu'il existe des territoires dévolus à l'activité agricole, et qu'il faut laisser le paysan travailler. Lotissements, zones de non-traitement, interdiction des machines, des odeurs, des camions doivent être exclus de ces lieux de cultures et d'élevages.

7. Toujours revenir aux fondamentaux du développement durable

Quel que soit le modèle agricole proposé, il doit respecter la dignité de ceux qui en sont les acteurs. Ne pas les renvoyer à la pénibilité et à la précarité, mais aussi ne pas les faire dépendre du bon vouloir du consommateur : il n'est pas acceptable que les paysans passent de longs mois à travailler sans savoir quand ils vont être payés et combien. Contractualisation, prix rémunérateurs et garantis, assurances mutualisées face aux risques climatiques, la nouvelle agriculture doit respecter les trois fondamentaux du développement durable, d'abord créer de la richesse, ensuite la répartir équitablement, enfin respecter l'environnement. Mieux gérer le présent pour aborder le futur avec sérénité.

Les 5 R qu'il nous faut atteindre

La troisième révolution agricole demande beaucoup d'intelligence et de nuance, un changement d'échelle, puisqu'elle doit être pensée au niveau des territoires, dans leur grande diversité. Elle exige aussi une pluralité d'acteurs prêts à travailler ensemble autour d'objectifs définis conjointement. Elle ne sera pas possible sans les 5 R.

Un profond *respect* de celui qui travaille à nous nourrir et de son travail à notre service.

La *reconnaissance* des efforts mis en œuvre par le monde rural pour répondre à nos attentes contradictoires.

Multiplier les *rencontres* pour que chacun ne campe pas dans sa position et comprenne les difficultés de l'autre, prendre la mesure de la complexité de la mission nourricière aussi face au changement climatique et aux injonctions contradictoires d'une société qui a oublié la peur de manquer.

Savoir que, comme ils se sentent *responsables* de notre alimentation et de notre santé, nous sommes responsables du bien-être de nos paysans et des conditions dans lesquelles ils effectuent leur travail.

Rémunérer dignement la nourriture qu'ils nous donnent, et ces services supplémentaires que nous leur demandons, au nom de nos peurs et d'une vision de la nature qui a changé.

Ces 5 R, *respect, reconnaissance, rencontres,*

responsabilité, rémunération, passent aujourd'hui par un mot-clé, le sixième R, essentiel : *réconciliation*.

Pour un monde apaisé et durable, réconcilions-nous avec ceux qui nous nourrissent, car il n'est pas de planète sans paysan. Une agriculture intelligente et soutenue déterminera le futur de l'humanité.

Aidons les agriculteurs du monde à enclencher cette troisième révolution agricole pour retrouver ensemble de la confiance et de la sérénité face à l'avenir ! Car nos paysans vont sauver le monde, nous apporter toutes les réponses aux grands défis de la transition écologique et énergétique… si seulement nous prenons le temps de les écouter et de les comprendre. De les soutenir et de les accompagner, pour façonner ensemble une humanité durable sur une planète accueillante.

Pistes bibliographiques

Il existe un certain nombre d'organismes dont la mission est de nous apporter des informations et des statistiques sur les questions agricoles et alimentaires (comme la FAO, l'OIE, l'UNICEF, l'OMS, le PAM ou le FIDA), de mener des recherches scientifiques (comme l'INRA ou le CIRAD) sur toutes les questions relatives à l'efficience d'un secteur dont les choix conditionnent notre alimentation, notre santé, nos paysages. L'Académie d'agriculture, les agences sanitaires (ANSES, EFSA…), France Agrimer, Arvalis-Institut du végétal, les Mutualités sociales agricoles, les organismes professionnels (ANPP, AGPM, AGPB, CIVB, Interfel, Interbev, CNIL, ANIA…), les syndicats (FNSEA, Jeunes agriculteurs, Coordination rurale, Confédération paysanne, Modef…), les revues et sites spécialisés (*Paysans*, *France Agritwittos, France agricole*, *JA magazine*, *Agriculture et environnement*, *Campagnes et environnement*, *Biotechnologies végétales infos*, *Agriculteurs de Bretagne…*), la lettre d'information de Guy Waksman, *Du côté du web et de l'informatique agricole* (AFIA), les think tanks (Demeter, qui publie un rapport annuel de référence, Agridées, Sol et civilisation, l'AFBV, le Cercle prospective, Passion Céréales…) les institutions internationales et les ONG qui luttent contre la faim dans le monde (OXFAM,

Médecins sans Frontières, AFDI, ACF, Farm, FERT, les CUMA…) fourmillent d'informations et de pistes de réflexions, et il faut consulter leurs rapports d'activité, comme leurs publications.

Certaines maisons d'édition se sont spécialisées dans ces questions, celles de France agricole, Quæ, les Presses des Mines en partenariat avec l'Académie d'agriculture…

Citons enfin quelques ouvrages, généralement récents, sans nulle prétention à l'exhaustivité :

Idées reçues et agriculture : parole à la science, Catherine Regnault-Roger (dir.), Académie d'agriculture, Presses des Mines, 2018.

L'Agriculture face à ses défis techniques : l'apport des technologies, Bernard Le Buennec (dir.), Académie d'agriculture, Presses des Mines, 2019.

Le Grand Livre de notre alimentation, Académie d'agriculture, Odile Jacob, 2019.

Réponses à ceux qui veulent abolir l'élevage, Marie-Gabrielle Miossec, France agricole, 2019.

Cause animale, cause du capital, Jocelyne Porcher, Le Bord de l'eau, 2019.

Révolution des agricultures urbaines : des utopies aux réalités, Jean-Paul Charvet, Xavier Laureau, France agricole, collection TerrAgora, 2018.

La Biodiversité : avec ou sans l'homme ?, Christian Lévêque, Quæ, 2017.

Panique dans l'assiette : ils se nourrissent de nos peurs, Gil Rivière-Wekstein, Le Publieur, 2017.

Ils croient que la nature est bonne, Jean de Kervasdoué, Robert Laffont, 2016.

L'Avenir de l'eau, Érik Orsenna, Fayard, 2008.

Géopolitique du moustique, Érik Orsenna, Fayard, 2017.

Il faut leur ajouter l'incontournable *Histoire des agricultures du monde : du néolithique à la crise contemporaine*, de Marcel Mazoyer et Laurence Roudart, paru pour la première fois au Seuil en 1997.

Pour en savoir plus sur les exemples de vente à la ferme donnés dans ce livre, consulter le blog de voyages *www.itinera-magica.com* ; sur les insectes en agriculture, le site *https://entomo-remedium.com*.

Enfin, qu'on me permette de rappeler une sélection des nombreuses publications que j'ai consacrées à la question agricole et alimentaire, depuis *La Faim dans le monde, une tragédie banalisée*, Hachette-Pluriel, 1991 ; *Ceux qui vont mourir de faim*, Seuil, 1996 ; *La Faim dans le monde : comprendre pour agir*, PUF, 1999 ; les rapports annuels *Géopolitique de la faim*, que j'ai coordonnés pour Action contre la Faim aux PUF en 1999-2000-2001 ; *Famines et politique*, Presses de Sciences Po, 2002 ; *Nourrir le monde : vaincre la faim*, Larousse, 2009 ; *Géographie amoureuse du monde* (2011) et *Géographie amoureuse du maïs* (2013), tous deux chez JC Lattès, sous la direction de mon éditeur, Laurent Laffont, passionné par les questions agricoles.

Le maïs me tenant particulièrement à cœur, on l'a vu dans ce livre, je publie depuis deux ans une lettre mensuelle pour les amoureux du maïs, *Les Nouveaux Mayas*, disponible gratuitement par abonnement électronique en écrivant à *nouveaux.mayas@gmail.com*.

Mais je suis aussi très attachée à la pomme, et à ceux qui la cultivent dans de magnifiques vergers et sont régulièrement attaqués malgré l'excellence de leur travail, et j'ai publié en 2016 chez JC Lattès, toujours sous la direction de Laurent Laffont, *Croquer la pomme : l'histoire du fruit qui a perdu le monde et qui le sauvera*.

Enfin, en 2017, est paru chez Buchet-Chastel, dans la collection « Écologie » dirigée par Valérie Gendreau, *Plaidoyer pour nos agriculteurs : il faudra demain nourrir le monde*. Ce livre a eu un grand retentissement auprès du monde agricole, il me paraît toujours d'actualité, même si la situation est plus tendue encore aujourd'hui pour ceux qui nous nourrissent. Je tiens donc à remercier particulièrement Valérie Gendreau, éditrice attentive et passionnée, pour m'avoir accompagnée avec compétence et bienveillance. Et bien sûr, Vera Michalski, fondatrice et présidente du groupe Libella, dont l'éventail de publications souligne l'humanisme et l'attention au monde. Laurent Laffont vient de le rejoindre. Fidèle à ses convictions et à son intérêt pour les questions agricoles, il a porté ce livre avec Valérie Gendreau, et je leur en suis infiniment reconnaissante.

SYLVIE BRUNEL, le 22 décembre 2019.

De la même autrice

Les ouvrages collectifs auxquels l'autrice a participé ne sont pas mentionnés ici.

Camargue, Crin-Blanc et ses légendes, Nevicata, 2019.

Toutes ces idées qui nous gâchent la vie, alimentation, climat, santé, progrès, écologie, JC Lattès, 2019.

Plaidoyer pour nos agriculteurs. Il faudra demain nourrir le monde, Buchet-Chastel, 2017.

Croquer la pomme, l'histoire du fruit qui a perdu le monde et qui le sauvera, JC Lattès, 2016.

Crin Blanc ou l'invention de la Camargue (avec Florian Colomb de Daunant), Actes Sud, 2016.

L'Afrique est-elle si bien partie ?, Éditions Sciences humaines, 2014.

Un escalier vers le paradis, JC Lattès, 2014.

Géographie amoureuse du maïs, JC Lattès, 2013.

La Planète disneylandisée, pour un tourisme responsable, Éditions Sciences humaines, 2012.

Géographie amoureuse du monde, JC Lattès, 2011.

Le Voyage à Timimoun, JC Lattès, 2010.

Le ciel ne va pas nous tomber sur la tête (maître d'œuvre avec Jean-Robert Pitte), JC Lattès, 2010.

Manuel de guérilla à l'usage des femmes, Grasset, 2009.

Nourrir le monde, vaincre la faim, Larousse, 2009.

Cavalcades et dérobades, JC Lattès, 2008.

À qui profite le développement durable ?, Larousse, 2008.

Le Développement durable, PUF, « Que sais-je ? », 6e éd., 2012, 2018.

La Déliaison (avec Ariane Fornia), Denoël, 2005.

L'Afrique, Bréal, 2004.

Frontières, Denoël, 2003.

Famines et politique, Presses de Sciences Po, 2002.

La Faim dans le monde, comprendre pour agir, PUF, 1999.

Géopolitique de la faim (maître d'œuvre), PUF, 3e éd., 2001.

Ceux qui vont mourir de faim, Seuil, 1997.

La Coopération Nord-Sud, PUF, « Que sais-je ? », 1997.

Le Sous-Développement, PUF, « Que sais-je ? », 1996.

Le Sud dans la nouvelle économie mondiale, PUF, 1995.

Le Gaspillage de l'aide publique, Seuil, 1993.

Une tragédie banalisée : la faim dans le monde, Hachette, 1991.

Sahel, Nordeste, Amazonie : politiques d'aménagement en milieux fragiles (maître d'œuvre avec Nelson Cabral), Unesco/L'Harmattan, 1991.

Tiers Mondes, controverses et réalités (maître d'œuvre), Economica, 1987.

Asie, Afrique : greniers vides, greniers pleins (maître d'œuvre), Economica, 1986.

Composé et édité par HarperCollins France.

Achevé d'imprimer en février 2021.

CPI
BLACK PRINT

Barcelone

Dépôt légal : mars 2021.

MIXTE
Papier issu de sources responsables
FSC® C159065

Pour limiter l'empreinte environnementale de ses livres, HarperCollins France s'engage à n'utiliser que du papier fabriqué à partir de bois provenant de forêts gérées durablement et de manière responsable.

Imprimé en Espagne.